가운을 벗은 의사들

가운을 벗은 의사들

박종호

차례

서문   7
우리가 모르는 곳까지 날아갔던 새들이 있었다

조르주 클레망소   23
프랑스를 구한 불굴의 정치가

안톤 체호프   41
세상을 향한 뜨거운 사랑, 빛나는 문학이 되다

주세페 시노폴리   55
세 가지 학문을 하나로 이어보려 했던 꿈

서머싯 몸   71
지적이고 세속적인, 그러나 헌신적인 일생

살바도르 아옌데   85
모두가 잘사는 나라를 꿈꾸었던 혁명가

모리 오가이   101
의사이자 군인이자 소설가의 트라이앵글

체 게바라   117
거대 체제에 맞선, 혁명의 상징이 된 남자

게오르크 뷔히너   135
두 가지의 길에서 모두 그토록 이타적인

프란츠 파농   151
의학적 시각을 넓은 세상으로 확대한 선구자

마리아 몬테소리 *167*
의학을 넘어 새로운 교육을 창안하다

미하일 불가코프 *183*
출판되지 않을 책을 마지막 순간까지 쓴 남자

알베르트 슈바이쳐 *199*
모든 것을 버리고, 오직 남을 위하여

아르투어 슈니츨러 *217*
빈의 세태를 의사의 시각으로 분석하다

쑨원 *233*
작은 개업의에서 조국을 세운 국부로

아서 코넌 도일 *249*
부단한 모험과 도전의 일생

서재필 *265*
애증 속에 간직했던 뜨거운 조국애

조너선 밀러 *281*
두 개의 영역을 넘나든 경계의 삶

올리버 색스 *297*
임상을 글로 남기는 전통을 살려내다

참고 서적 및 자료 *313*
도판 목록 *320*

일러두기

- 인명, 지명 등 외국어 표기는 국립국어원의 외래어표기법을 따르되 관용적인 표기와 동떨어진 경우는 널리 쓰이는 표기를 따랐다.
- 책, 신문, 잡지 등의 제호는 『 』, 음악 작품의 표제는 〈 〉, 영화, 연극, 방송의 제목은 「 」로 표기했다.

서문

우리가 모르는 곳까지 날아갔던
새들이 있었다

나를 일깨운 어느 강의 시간

한 의학전문대학원에 강의를 의뢰받아 간 적이 있었다. 이른바 교양강의 내지는 인문사회의학에 해당하는 것이었다. 오랜만의 의대 강의라서 준비도 많이 했고, 후배 의학도들을 만난다는 약간은 들뜬 기분으로 학교를 찾았다.

그런데 강의실의 풍경은 기대했던 것과는 너무 달랐다. 솔직히 좀 충격이었다. 공부에 찌들어 미래에 대한 희망이나 사회에 대한 관심이라고는 찾아볼 수 없는, 생기 없는 표정과 어두운 얼굴들이 나를 당황하게 했다. 차라리 숨어서 히히거리거나 몰래 장난이라도 친다면 활기라도 있었을 것이다. 그런데 나이도 적지 않은 대학원생들(나이가 제법 들어 보이는 학생도 적지 않았다)이 영혼 없는 존재같이 강의 내내 초점 없는 시선을 던지고 있었다.

그들이 빡빡한 스케줄과 과중한 분량의 공부에 시달린다는 것을 모르는 바 아니다. 하지만 도리어 그런 이유로 내 강의 같은 시간이 더욱 필요할 것이라고 생각했다. 내게 강의를 의뢰한 학교의 생각도 같았을 것이다. 그러나 그런 학생들을 보면서, "저렇게 거의 억지로 공부를 해서 사회로 나간다면, 다 좋은 의사가 될 수 있을까?" 하는 걱정이 들었다.

아니, 의사 이전에 사회에 도움이 되는 시민이 되고, 그보다 더 먼저 행복한 개인이 되어야 하지 않을까?

괴로웠던 나의 의대 시절

나의 의대 시절이 떠올랐다. 나는 그들보다도 더 힘들면 더 힘들었지 덜하진 않았다. 나는 의대공부가 어떤 것인지도 잘 모르고 희망도 확실하지 않은, 무지몽매한 상태에서 부모님의 희망에 따라 의과대학에 지원했다. 어린 나이에 의사 정도면 괜찮지 않을까 하는 안이한 생각과, 설혹 실패해도 내 탓은 아니라는 의존적인 생각이 적당히 버무려져 있었다. 돌이켜보면 부끄러운 일이다.

의대에 합격하자 처음엔 다 이루어진 것 같았다. 마치 인생의 승패가 결정된 것 같은 기분이었다. 정해진 길을 따라 달리는 컨베이어벨트에 용케 올라탄 선택된 자처럼 나는 의예과 시절을 빈둥거리면서 보냈다.

그러나 본과에 올라가자, 나는 비로소 의대 공부가 내게 맞지 않는다는 것을 느꼈다. 사실 고등학교 시절부터 학생들의 적성에 따라 진로를 나눈다는 것이, 최소한 나의 경우에는 문제가 많다는 것을 뼈저리게 느꼈다. 고등학교에서는 국어를 잘하는 학생이 수학도 잘하고, 영어를 잘하는 학생은 화학 점수가 그렇게 나쁠 수도 없는 법이다. 그러니 자신의 자질이나 성향과는 상관없이 공부 좀 하면 법대, 의대, 이런 순으로 지원을 하는 것이 당연시되었다.

하지만 의대에서는 그 이상의 것을 요구했다. 나는 확연하게 문과적인 사고를 가지고 있으며 자연과학에는 관심도 재능도 없다는 것을 알았다. 나의 흥미는 인문과 예술에 있었다. 의대의 거의 모든 과목이 힘들고 벅찼으며, 무엇보다도 일상이 즐겁지가 않았다. 하루도 빠짐없이 '내가 지금 무엇을 하고 있는 거지?'라고 자문하는 나날이 흘러갔다.

더 이상 주저앉기는 싫어서

본과 1학년을 두 달쯤 다니고, 하늘이 눈부시게 푸르른 5월의 어느 날 부모님 몰래 학교를 휴학했다. 휴학계를 제출하고 교정의 잔디밭을 가로질러 갈 때 3층의 생리학 실험실에서 가운을 입은 친구들이 "종호야, 어디 가?"라며 부르던 장면이 떠오른다. 나는 뒤돌아서 손을 흔들어주었지만, 그때 나는 가운을 벗고 혼자 세상에 섰다는 것을 깨달았다.

애당초 문과로 다시 시험을 치거나 전과를 하려고 했다. 하지만 휴학하는 1년 동안 그간 하지 못했던 것을 복수라도 하듯이 책과 음악에 파묻혀 지냈다. 그러니 수험준비도 제대로 하지 못했다. 하지만 쉬면서 도달한 결론, 다시 말해서 현실과 적당히 타협한 결정은 의사를 하면서 나름대로 적성을 살릴 길이 있을 것이라는 생각이었다.

교과서와는 달리 프로이트나 융 같은 정신분석학자들의 책이 재미있었던 나는 마음속으로나마 정신과를 택하기로 작정했다. 그것만은 다른 학생들보다, 아니 솔직히 그들만큼은 할 수 있을 것 같았다. 그래서 다시 복학하여 동기들보다 한 해 늦은 7년 만에 의대를 졸업했다.

복학한 후에도 의대 생활은 당연히 똑같이 힘들었다. 하지만 졸업만 하자는 것이 나의 전략이었다. 낮은 목표를 세우니 버틸 만했다. 성적은 맨 뒤에서 맴돌았고, 재시험은 주어지는 대로 다 보았다. 자존심도 많이 구겼다. 하지만 마음속에는 다른 목표가 있었으니, 크게 개의치 않았다.

의대공부는 딱 진급할 만큼만 했다. 그 외의 시간에는 책과 레코드와 벗 삼아 지냈다. 돌이켜보면 재미도 있었다. 백수십 명이 우글거리는 강의실에서도 마찬가지였다. 고3을 능가하는 수업 일정에서도 즐거운 일은 있었다. 강의시간에 아래층에서 연극부가 연습하며 질러대는 고함소리가 들려왔고, 강의실 구석에는 오케스트라 학생이 들고 온 첼로 케이스도 세워져 있었다. 사진부는 강의 중에 카메라를 고치고, 실연당한 학생은 교수님의 눈을 피해 편지를 썼다. 짧은 점심시간에도 뒷마당에는 야구글러브를 끼고 캐치볼을 하는 학생들이 있었고, 벤치에 누워서 시집을 읽는 친구도 있었다.

지금에 와서 보면 그런 친구들은 모두 좋은 사회인으로서 제 역할을 하고 있다. 공부를 잘했던 학생뿐만 아니라, 개성이 넘쳤던 친구들이 어쩌면 더욱 멋진 성인이 되어 있기도 하다.
현재 그들이 서 있는 사회의 여러 장소들이 과거의 학창시절 성적에 따른 것이라고는 생각하지 않는다. 사람의 인생에는 다른 요소들이 길을 결정짓기도 한다. 남들이 보기에는 다들 같은 의사 선생님이지만, 각자의 가치관이 있고 나름의 목표가 있고 저마다 다른 분야에서 꿈을 품고 있다. 그것이 중요한 것이다. 모두가 같은 흰색 가운을 입은 의사라고 해서, 전부 같은 삶을 사는 것은 아니다.

의문의 시선들 속에서 새롭고 외로운 출발
의대를 마치고 운 좋게 원하던 정신과 의사가 되었다. 개원의 생활은 힘들 때도 있었고 보람이 있을 때도 있었지만, 정신과 의사는 내 적성에 맞았고 나는 정말 열심히 일했다. 그리고 시간이 흐르자, 사회적 신망과 경제적 안정도 따라왔다. 나는 그것들에 도취되어 살았고, 나름 성공했다고 생각했다.

하지만 마음 깊은 곳에는 늘 채워지지 않는 공간이 있었다. 점점 나는 세상 모두가 쫓는 목표에는 회의가 들고, 다들 하려는 일에는 관심이 줄어들었다. 대신에 사람들이 하려고 하지 않지만 세상에 필요한 일을 하고 싶었다. 그렇게 하여 두 번째로 가운을 벗고, 작은 레코드 가게를 열었다.

풍월당이 문을 열자 화제가 되었다. 클래식 음악만 취급하는 가게가 생겼다는 것 못지않게, 의사가 이런 가게를 차렸다는 이슈가 늘 기사에 따라다녔다. 지금에야 얘기하지만 내심 당황스러운 일이었다. 매스컴의 취재가 연이어져 불편했다. 클래식이나 음반에 대해 질문을 받을 줄 알고 인터뷰에 응하지만, 정작 그들의 관심은 음악이나 레코드가 아니라 '왜 가운을 벗었는가?' 하는 것이었다.

여러 생각이 들었다. 의사는 레코드 가게를 하면 안 되는가? 한 번 취득한 면허는 평생 사용해야 하는가? 해병대처럼, 한 번 의사는 영원히 의사여야 하는가? …… 물론 의사라는 직업은 가치 있고 사회적으로 세상에 기여하는 일이다. 그러나 이 질문을 계기로 한 번 의사는 계속 의사를 해야 한다는 문제에 대해서, 나는 내가 이미 저지른 결정과는 상관없이 다시 한 번 깊이 생각을 해보게 되었다.

만일 의사가 아니라 택시기사가 레코드 가게를 차렸거나, 요리사가 책방을 차렸다면 그렇게 화제가 되었을까? 솔직히 그것은 우리 사회가 가진, 의사라는 직업에 대한 환상에서 비롯된 결과가 아니었을까?

당시 레코드 가게들이 점점 사라지고 진지한 음악 감상이 자취를 감출 위기에 처했을 때, 클래식만 다루는 가게를 연다는 것이 세상의 흐름에 역행하는 일로 보였을지 모른다. 그러나 비록 작은 일일지라도, 나는 이 일을 하고 싶었고 의의가 있다고 생각했다. 세상이 우러르는 경제적 가치보다 문화적 가치를 더 우위에 놓고 싶었을 뿐이다.

그러나 기자들을 비롯한 많은 사람들은 '새로운 일을 시작한다'는 데에 관심을 가진 것이 아니라, '왜 좋은 일을 그만두는가?'라는 문제에 초점을 맞추며 지극히 자본주의적인 질문들을 던졌다. 앞으로 어떻게 가게를 이끌어갈 것인가에 대한 질문은 한 번도 받아보지 못했다. 나는 그런 인터뷰가 불편했다.

바꾸어 생각해보자. 한 번 의사가 된 사람이 평생에 걸쳐서 의사를 한다면, 요즘 같으면 60년도 할 수는 있다. 그렇지만 한 사람이 세상에 대해서 가지는 관심이나 이상理想이 60년 동안 변하지 않는다면, 도리어 그것이 더 이상하지 않은가? 세상이 변하듯 사람도 변한다. 개인의 의식뿐 아니라, 사회의 환경과 인간의 관계도 바뀌어간다. 한 개인도 하고 싶은 일이 새로 생기거나 해야 할 다른 역할이 나타날 수 있는 것이다.

무엇보다도 인간은 성장하는 존재다. 18세라는 아직 어리고 성숙하지 못한 시기에 한 소년이 내렸던 직업적 결정이 평생을 가야 하는가? 그 시기의 세상에 대한 시각이나 가치관이 나이가 들어서도 변화하지 않고 계속 간다면, 도리어 그것이 더 신기한 일이다.

많은 질문들을 받으며 생각하다

실은 풍월당을 열었던 초창기에 모르는 사람들로부터 꽤 많은 메일을 받았다. 일부러 방문하는 사람도 적지 않았다. 예상하지 못했던 일이었다. 그런데 메일을 보낸 사람들 중에서 많은 수가 당시 의과대학에 다니고 있는 학생들이었다. 이들보다 숫자는 적지만, 전공의나 공중보건의 등의 과정에 있는 젊은 의사들도 조금 있었다. 서울과 지방을 가리지 않고 여러 학교의 의대생들과 의사들이 메일을 보내왔다.

그런데 내용은 거의 비슷한 질문들이었다. "저는 부모님의 강권으로 의대를 들어왔지만, 제 꿈은 다른 데 있습니다. 의대 공부를 계속해야 합니까? 시간이 아까운 것 같아요.", "저는 의대 공부가 맞지 않는 것 같습니다. 사회과학을 한다면 더 잘할 것 같아요.", "제가 정말 하고 싶은 것은 연극인데, 부모님의 지원으로 힘들게 들어온 의대를 그만둘 용기도 없습니다. 어쩌면 좋을까요?"…… 이런 질문들이었다.

그들의 메일을 받고 내가 느꼈던 것은 두 가지다. 첫째는 '내가 가게 하나를 열게 됨으로써, 다른 길을 가고 싶어 했던 여러 의대생이나 의사들의 마음에 부채질을 해버렸구나' 하는 것이다. 여기에는 선배로서 책임감이나 죄책감도 있었다. 둘째는 '의대를 다니면서도 의대 공부가 맞지 않는다고 생각하는 사람들이 이렇게 많구나' 하는 것이었다.

그때 나는 정말 남의 일 같지 않아서 가급적 일일이 답장을 보내려고 했었던 것 같다. 답장의 요점은 첫째로 "의대 생활이 힘들다는 것은 나도 안다. 내가 제일 잘 안다. 하지만 의대 공부조차 마치지 못한다면, 앞으로 펼쳐질 세상의 많은 난관들을 어떻게 헤쳐 나갈 것인가? 그러니 수행이라 생각하고, 군대라 여기고, 이를 악물고 일단 졸업은 해보라. 그러면 세상이 다르게 보이거나 다른 일이 나타날 것이다"라는 말이었다.

이어서 둘째로 "의사들 중에는 의학을 공부했거나 의사를 했던 경험을 바탕으로, 다른 일이나 다른 분야에서 큰 결과물을 성취한 사람들이 많다. 그러니 의사가 되고 나면, 꼭 의사를 직업으로 하지 않아도 된다. 그때 가서 진로를 바꾸어도 된다. 지금 하는 의학 공부가 나중에 다른 일에도 큰 도움이 될 것이다. 시간 낭비라고는 여기지 마라"라고 썼다.

특히 두 번째 이야기를 할 때에는 이런저런 사람들의 예를 들어가며 메일을 썼다. 그러면서 이런 책이 필요하다는 생각을 하게 되었다. 그렇게 메일을 읽고 답장을 쓰면서, 세월을 두고 이 책의 토대가 내 머릿속에서 만들어지기 시작했던 것이다.

가운을 벗고 훌륭한 성과를 이룬 사람들

실제로 역사상 수많은 의사들이 배출되었겠지만, 그들이 평생 온전하게 의업에만 종사하다가 일생을 마친 것은 아니었다. 의학을 공부하거나 의업을 했던 경험을 바탕으로 보다 넓고 다른 세상에서 또 다른 가치를 창조하고 보람을 찾은 사람들도 있었던 것이다. 그들이야말로 요즘 말하는 통섭의 선구자들이다. 의학에 다른 분야를 융합하여 더 새롭고 더 큰 일을 이룬 사람들이다.

그들 중에는 이름만 들어도 알 수 있는 사람들이 즐비하다. 칠레의 대통령을 지냈던 살바도르 아옌데, 쿠바의 혁명을 이루었던 체 게바라, 알제리의 인권과 독립을 위해 싸웠던 프란츠 파농, 중국의 독립을 이루고 최초의 공화국을 수립한 쑨원 등과 같은 혁명가들이 다들 의사였다. 러시아 단편소설과 희곡의 최고봉인 안톤 체호프, 독일 근대문학의 위대한 작가 게오르크 뷔히너, 영국의 대표적인 소설가인 서머싯 몸, 추리소설의 원조라고 할 수 있는 아서 코넌 도일 같은 많은 작가들도 다들 의사였다. 그리고 세계적인 지휘자였던 주세페 시노폴리, 어린이집을 만들어 유아교육의 혁명을 이룬 교육가 마리아 몬테소리, 세계 오페라 무대에 현대적인 연출의 돛을 올린 연출가 조너선 밀러 등도 역시 의사였다.

그들은 의학을 공부하거나 의업에 종사하다가, 다른 분야에서 새로운 길을 발견하여 그 길을 걸었다. 그들은 그간 자신이 갈고닦은 지식과 경험으로 그 분야만 공부했던 사람들과는 차별화될 수 있는 자신만의 세계를 완성한 사람들이었다.

그래서 이 책의 제목을 『가운을 벗은 의사들』이라고 지었다. 소개하는 인물들이 대부분 이 책의 제목과 흡사한 길을 걸었다. 그러나 그렇다고 여기에 소개하는 의사들이 모두 가운을 벗어던지고 다시는 의업으로 돌아가지 않은 것만은 아니다.

돌아가지 않은 사람도 있지만, 두 가지의 정체성을 함께 유지했던 사람도 있고, 어떤 이는 의업과 다른 분야를 오고가면서 두 세계에서 번갈아 활동하기도 했다. 또 누구는 원래는 의사가 아니었지만, 나중에 자신의 목표를 위해서 의사가 되어 더욱 풍성한 삶을 이룬 사람도 있다.

인생은 길고, 가지 않은 길은 많다

어쨌거나 길고 긴 인생에서, 그리고 한 번뿐인 생애에서 사람이 평생 오직 한 가지의 일만 바라보고 살 필요는 없다고 생각한다. 세상은 정말 넓은 곳이며, 자신이 할 일은 자신이 만들기 나름이다.

더불어 직업이란 것이 삶에서 중요하기는 하지만, 직업이 한 사람의 인생 전체를 규정할 수는 없다. 대학이나 전공이나 직업은 자신의 꿈을 이루기 위한 하나의 수단이나 과정인 것이지, 결코 그 자체가 목표가 될 수는 없다. 의사라는 직업을 통하여 자신의 목표를 이룬다면 의사는 멋진 직업이다. 하지만 그것이 자신의 꿈을 속박하는 것이 되어버린다면, 좋다는 직업도 재고할 수 있다.

그야말로 직업은 인생에서 하나의 옷일 뿐이다. 옷은 벗을 수 있고, 바꾸어 입을 수 있다.

이 책을 읽고 많은 분들이 '자신만의 인생'을 개척하는 데 도움이 되기를 바란다. 그렇다고 여기에 소개한 인생을 마냥 따라가는 것도 옳은 일은 아닐 것이다. 그것들은 다만 참고 사항이다. 최고로 가치 있는 삶이란 남이 간 길을 뒤따르는 것이 아니라, 남의 행동과 정신을 배워서 자신만의 새 길을 개척하는 것이다.

남이 펼쳐놓은 분야에서 성공하는 것도 중요하지만, 스스로 만든 자신만의 길이 새로운 장르가 된다면 더욱 멋지고 훌륭한 일이라고 생각한다. 그리고 더불어 자신이 선택한 그 길이 이웃에게 작은 도움이 된다면, 그것이야말로 가장 가치 있는 인생일 것이다.

'그가 그 분야에서 최고다'만이 최상의 칭찬은 아니다.
'그가 걸어간 길이 하나의 장르가 되었다'가 최고의 상찬이다.

여기에 실린 18명의 인물을 조사하고 정리하는 작업에는 내 나름대로의 소화와 해석과 선정이 필요했다. 그리고 여기에 실리지 않은 사람들 중에도 여러 분야에서 뛰어난 일을 해낸 의사들이 물론 적지 않다는 사실을 말해둔다.

그러니 내 나름대로의 원칙을 정해서 선정했다. 그중의 한 가지 조건은 이미 돌아가신 분들로 한정했다는 것이다. 또 하나, 의사들 중에는 작가가 된 사람들이 유달리 많아서, 그들은 특별히 선별해야 했다는 말도 덧붙인다. 그리고 우리나라 의사들 중에서도 다른 분야에서 큰일을 이룬 분들이 적지 않다. 그러나 여러 사정으로 대표적으로 단 한 분만 수록했음을 양해해 주기 바란다.

그들의 이야기를 정리하고 쓰다 보니, 하나하나가 인생이 아니라 차라리 역사였다. 작업을 하면서 그들의 사상과 행동에 경외심을 갖기도 했고, 그들이 걸은 좁은 길에 함께했었을 고단함과 외로움을 생각하며 눈물도 훔쳤다.

무엇보다도 가슴 깊이 깨달은 것은 그들에게는 두 가지 공통점이 있다는 사실이다. 하나는 자신의 길을 택하는 용기가 있었고, 다른 하나는 그 길을 가는 데에 남에 대한 사랑이 있었다는 점이다. 용기와 사랑, 이 두 가지가 그들을 아무도 가지 않은 길로 가게 했고, 그들의 길을 승리로 인도했다. 인간을 고치기 위한 공부를 한 의사라면 세상도 고칠 수 있다.

먼 곳까지 날아갔던 사람들

이 책은 팬데믹으로 온 세계가 고통을 받는 시기에, 나도 집에서 두문불출하며 썼다. 의학의 소중함과 의사의 고마움을 매일 절감하는 시간이다. 그러면서 의료 현장에서 멀어진 내가 코로나19의 방역이나 치료 현장에 달려 나갈 수 없음을 안타까워하기도 했다.

의업이야말로 세상에서 가장 숭고한 직업임을 다시 되새긴다. 나는 의업의 길에서 힘들고 고통 받는 이들을 보살피고 연구하는 의사 선생님들을 여전히 존경한다.

우리 모두가 여기에 실린 사람들처럼 그렇게 될 수는 없다. 하지만 우리가 작은 새라면 눈앞의 벌레만 찾으며 살아서는 결코 산에 오를 수 없다. 많은 이들은 자신에게 날개가 달렸다는 사실을 잊고 있다. 그래서는 작은 나무 한 그루에도 오르기 어렵다.

모르는 곳을 향하여 그렇게 먼 곳까지 날아갔던 새들이 있었다는 사실을 전하고 싶은 것이다.

아직 세상에는 날아오를 가치가 있는 높고 아름다운 산들이 많고, 그런 날개를 가진 젊은 새들이 많다고 믿는다.

2022년 4월, 코로나 시대에
박종호

조르주 클레망소
Georges Clemenceau

프랑스를 구한 불굴의 정치가

제2차 세계대전을 승리로 이끈 연합군의 지도자가 윈스턴 처칠이었다면, 제1차 세계대전에는 클레망소가 있었다. 의사 출신이지만 언론인을 거쳐 정치가가 된 클레망소는 두 차례나 프랑스의 총리가 된다. 그는 제1차 세계대전으로 위기에 처한 조국을 위해 노구를 바쳐 승리를 쟁취해냈다.

프랑스를 뒤흔든 드레퓌스 사건

1894년 프랑스의 육군 대위 알프레드 드레퓌스Alfred Dreyfus, 1859~1935는 군사기밀을 독일에 제공했다는 스파이 혐의로 체포되었다. 그리고 날조된 증거로 유죄 선고를 받았으니, 이것이 바로 유명한 드레퓌스 사건이다. 드레퓌스는 공개적으로 계급장을 박탈당하고, 라틴아메리카 기아나의 '악마의 섬'으로 유형을 간다. 영화 「빠삐용」에 나오는 감옥의 섬이다.

드레퓌스는 유대인이었다. 프로이센-프랑스 전쟁에서 패배하여 반독일 정서가 팽배한 프랑스인들에게는 제물祭物이 필요했다. 프랑스 군대는 대혁명 이후에 문호를 개방하여 누구나 장교에 응시할 수 있게 했다. 하지만 이는 겉으로의 정책일 뿐, 유대인에 대한 적개심은 상류층과 군대에 만연했다.

부당하고 비양심적인 재판을 알리기 위해 소설가 에밀 졸라Émile Zola, 1840~1902는 격문檄文을 쓴다. 졸라는 이 글을 일간지 『로로르L'Aurore』에 보냈고, 『로로르』는 1898년 1월 13일 자에 언론사상 가장 유명한 기사의 하나인 '나는 고발한다!J'Accuse…!'를 싣는다. 평소 발행부수가 3만 부를 넘지 못하던 『로로르』는 당시 그 열 배인 30만 부를 찍었지만, 신문은 순식간에 동이 난다. 기사는 프랑스를 뒤흔들고, 결국 드레퓌스는 재심을 받는다.

졸라가 당시 『르 피가로』 같은 대표적 일간지가 아니라, 창간한 지 얼마 안 된 『로로르』로 기사를 보낸 것은 사주社主이

『로로르』 신문의 '나는 고발한다!' 기사

자 편집장이 조르주 클레망소였기 때문이다. 만일 편집자나 사주가 졸라에 반대하거나 드레퓌스를 싫어한다면, 기사는 실리지 않을 수도 있었다. 졸라는 클레망소의 언론인으로서의 양심과 정의를 향한 용기를 믿었던 것이다.

원고를 읽은 클레망소는 제목을 바꾸자고 했다. 그는 졸라가 쓴 원래 제목 '대통령에게 보내는 편지'를 폭탄같이 짧고 강렬하게 '나는 고발한다!'로 바꾸었다. 그리고 제목을 신문의 제호題號만큼 큰 활자로 뽑고, 1면 전면을 이 기사로만 가득 채웠다. 이것으로 사건은 대반전을 맞게 된다.

에밀 졸라와 함께 자동차에 탄 클레망소(1898)

반항적인 의사 집안의 말썽꾸러기 의대생

조르주 클레망소Georges Clemenceau, 1841~1929는 프랑스 서부의 낭트에 가까운 시골 마을인 무이으롱 엉 파레드Mouilleron-en-Pareds에서 증조부와 아버지가 모두 지역의 의사인 집안에서 태어났다. 아버지는 가톨릭과 군주제에 반감을 가진 진보적 공화주의자로서, 어려서 아버지의 가르침은 클레망소의 정치적 성향을 결정짓는다. 어머니도 농부 출신의 프티부르주아로서, 박해받던 신교도인 위그노 교도였다.

조르주는 가업家業을 잇기 위해 낭트 대학 의학부에 입학했다. 그러나 그는 학교 공부에 열성을 보이지 않았다. 그의 관심은 문학과 예술이었다. 더욱이 그는 스포츠를 좋아하고 여학생들이나 쫓아다니는, 학교 입장에서는 방탕한 학생이었으며 결국 이 일로 징계를 받는다. 그는 낭트를 떠나 파리 대학 의학부로 옮긴다.

그러나 파리에서도 그는 공부보다는 진취적 예술가들이나 개혁적 공화주의자들과 어울린다. 거기서 사귄 친구가 화가 클로드 모네Claude Monet, 1840~1926로서, 둘의 우정은 평생 지속된다. 그는 학생의 신분으로 잡지와 신문을 발행하여 사회문제를 다루고, 결국 투옥되기까지 한다.

1865년에 클레망소는 남들보다 늦게 의대를 졸업하고 의사가 된다. 그는 모네 등 친구들과 만나던 몽마르트르에 의원을 열고, 개업의로서 가난한 주민들을 위한 1차 진료를 펼친다. 그리고 동시에 잡지를 창간하고, 왕정의 전횡을 비난하는 글을 쓴다. 그러던 그는 체포를 피하기 위해, 또는 연애 때문이라고도 하지만, 아무튼 뉴욕으로 간다.

클레망소는 코네티컷 주 스탬퍼드Stamford의 한 사립 여학교에서 프랑스어 강사 자리를 얻는다. 그리고 뉴욕에서 의사로도 활동했지만, 정치에 더 깊은 인상을 받아 미국식 민주정치를 프랑스에 도입하려는 희망을 품는다. 미국에서 쌓은 민주주의 경험과 영어 능력은 나중에 그의 정치와 외교 활동에 큰 장점이 된다. 그는 프랑스 지도자들 가운데 가장 영어에 능통했던 몇 사람에 손꼽힌다.

미국에서 그는 스탬퍼드 사립 여학교에서 가르치던 여학생 메리 플러머Mary Plummer와 결혼한다. 두 사람은 나중에 프랑스로 돌아와 세 자녀를 두지만, 메리가 가정교사와 불륜을 맺는다. 그는 아내를 감금하고 자녀 양육권을 빼앗고, 여객선의 삼등석에 태워 미국으로 보낸 뒤 이혼한다. 실은 클레망소도 애인들이 있었지만, 아내에게 무관용으로 나온 행동은 그의 자기중심적이고 성급한 성격을 보여주는 일화다. 그 후로 클레망소는 결혼하지 않고 독신으로 평생을 보낸다.

의사에서 정치가와 언론인으로

1870년 제3공화국이 출범하자 클레망소는 파리로 돌아온다. 그는 몽마르트르에 다시 의원을 여는데, 주변의 권유로 몽마르트르 지역인 파리 18구에서 구청장으로 당선된다. 이어 30세의 젊은 나이에 하원의원이 되어 정치가의 길을 걷는다.

젊은 정치가 클레망소는 급진적 공화파였다. 그가 내세운 대표적인 공약은 식민지 정책의 철회와 독일에 빼앗긴 알자스-로렌 지방의 수복이었다. 또한 그는 교회와 국가를 분리하고, 고위 성직자의 급료를 삭감하고, 신학생의 병역면제를 없애는 교회 개혁안을 제안했다. 더불어 결사와 집회의 자유, 이혼의 자유, 언론의 자유, 노동자의 권익 보호 등을 지지했다. 그는 진보 진영의 미래주자로서 승승장구했다. 그러나 질주하던 클레망소는 1892년 파나마운하 건설에서 장관 6명과 510여 명의 의원들이 공사의 실패를 숨기고 뇌물을 받은 사건에 연루된 파나마운하 스캔들에 발목이 잡히고 만다. 그의 명예는 하루아침에 실추되고 그는 낙선한다.

바닥에 떨어진 클레망소는 언론인으로 입지를 바꾸어 새 출발을 한다. 그는 1897년 일간지 『로로르L'Aurore』('새벽'이라는 뜻)를 창간하여, 본인이 사주이자 주필을 맡았다. 그리고 다음해에 앞서 말한 '나는 고발한다!'를 싣는다. 이 기사로 클레망소는 다시 영향력을 떨치게 되고, 그는 진보인사들 사이에서 지도 자격 인물이 된다. '나는 고발한다!'를 게재한 이후로 클레망소는 졸라를 지원하는 글을 700여 편이나 싣는다. 결국 1906년에 드레퓌스의 재심이 열리고, 드레퓌스에게 무죄가 선고된다. 그는 소령으로 진급하고 훈장까지 받는다.

드레퓌스 사건은 국수주의와 인종주의로 빚어진, 프랑스의 양심과 정의에 최대의 위기를 가져온 사건이었다. 이 사건의 역전逆轉에는 흔히 졸라가 최대의 공로자로 일컬어지지만, 그 뒤에 클레망소 같은 식견과 능력을 갖춘 인물이 있었기에 이런 일이 가능한 것이었다. 졸라가 무대 위의 주연배우였다면, 클레망소는 무대 뒤의 총감독 같은 존재였다.

클레망소는 다시 정계로 돌아온다. 1906년 총선에서 급진파가 승리하고 클레망소는 드디어 총리가 된다. 그는 철도와 석탄산업의 국유화, 교회와 국가의 분리, 노동법 개정 등 많은 개혁을 추진한다. 그의 재임 기간은 혼란스러운 분열의 시대였다. 국수주의, 반유대주의, 그리고 가톨릭과 군부가 제각각 격랑을 일으키며 나라를 갈가리 찢어놓았다. 거의 모든 분야에서 파업이 일어났다. 우편배달부도 농부도 양치기도 파업에 나섰다.

그런데 클레망소 총리는 파업을 저지하기 위해 가장 강력한 방법을 꺼내들었으니, 바로 군대를 동원한 것이다. 초기에는 노동자의 옹호자였던 그가 이제는 법과 질서의 수호자라는 명성을 얻고, 그를 지지하던 좌파와 노동계와는 멀어진다. 그는 좌우를 떠나서 오직 조국의 이득이 우선이라는 신념으로 '프랑스의 일등 경찰'이라는 별명을 얻게 된다. 그러나 1909년 총선에서 패배하여 클레망소는 사임한다. 그때가 68세였으니 사실상 그에게는 은퇴나 다름없었다.

전쟁에서 조국을 구한 지주犭狉가 되다

1914년에 제1차 세계대전이 발발하자, 프랑스는 전방에서는 독일군에게 밀리고, 후방에서는 전쟁에 반대하는 평화주의와 패배주의가 팽배했다. 혼란 속에 휘청거리던 국가는 구원투수가 필요했다. 이때 복귀한 인물이 클레망소였다. 그는 76세의 노령으로 두 번째로 총리가 된다. 그는 일생에서 가장 힘들 것이 자명한 도전을 용기로 받아들였다. 게다가 전쟁 장관도 겸임하여, 자신의 책임하에 전쟁을 수행하겠다는 의지를 표명했다. 이제 프랑스의 운명은 그의 손에 있었다. 제2차 세계대전 당시 영국의 처칠과 흡사한 모습이었다.

전시戰時 총리가 된 클레망소는 사실상의 총사령관이 되어 불타는 애국심과 열정을 가지고 군인 이상으로 전쟁을 수행했다. 먼저 후방에 팽배했던 패배의식을 불식시키려고 노력했다. 그는 전쟁에 반대한 자들이나 반역자들은 재판에 넘기고, 총살형까지 감행했다. 그리고 팔순을 바라보는 노구老軀를 이끌

제1차 세계대전 때 전선의 참호를 방문하는 클레망소

고 전선으로 향했다. 가장 비참하고 많은 사상자를 낸 제1차 세계대전의 상징은 비참하기 이를 데 없는 참호였다. 그런데 클레망소는 참호 속까지 직접 들어가서 병사들을 격려하곤 했다. 그는 근무시간의 3분의 1을 참호 방문에 썼다. 총리가 나타나면 독일군이 포탄을 쏘았지만, 백발노인은 포연 속에서도 몸을 피하지 않고 걸어 다녔다. 그런 모습은 병사들에게 승리를 확신시켜주었다. 한번은 참호로 들어가니 병사들이 먼지를 뒤집어쓴 작은 꽃다발을 내밀었다. 클레망소는 꽃다발을 총리 집무실까지 가져갔고, 그것은 죽을 때까지 그의 방에 있었다. 그리

클레망소가 노년에 입던 코트.
현재 클레망소 박물관에 전시되어 있다.

고 그의 관 속에 함께 묻혔다.

그러면서도 클레망소는 패배의식을 가진 병사나 탈영병에게는 가차 없었고, 이탈하는 병사는 현장에서 총살했다. 또한 독일과의 협상을 주장하는 정치인들도 투옥했다. 그는 '호랑이'라는 별명으로 불렸으며, "프랑스는 반드시 승리한다"라는 말을 입에 달고 다녔다. 의회에서 야당 의원들이 전세에 불안해하자, 그는 이렇게 말했다.

제가 중요한 군사비밀을 말씀드리겠습니다.
저는 어젯밤에도 아주 잘 잤습니다.

결국 프랑스는 승리를 거두었다. 77세의 나이로 조국을 승리로 이끈 그는 파란만장했던 정치 인생에 누구도 의문을 제기할 수 없을 성과를 이루어냈다. 그는 전쟁 내내 사실상 프랑스의 지주支柱였다. 전쟁이 끝나자 베르사유조약에 참가한 협상국 대표들 중에서 클레망소가 가장 강경했다. 그는 독일에 대해

파리 강화회담에 모인 4개국 정상들.
왼쪽부터 영국 총리 데이비드 로이드 조지, 이탈리아 총리 비토리오 에마누엘레 오를란도, 프랑스 총리 조르주 클레망소, 미국 대통령 우드로 윌슨.

천문학적인 금액의 배상과 가혹할 정도의 군사력 축소를 관철시켰다. 또한 알자스-로렌 지방을 되찾아, 필생의 복수를 성취했다.

파란만장했던 일생을 이겨낸 백전노장

전후 세계 질서의 재편을 끝낸 클레망소는 1920년에는 두 번째이자 마지막으로 권좌에서 내려온다. 그러고는 세계 여러 나라를 여행하며 환대를 받으면서 노후를 즐겼다. 그는 하원의원이 된 이후로 의업으로 돌아가지 못했다. 그리고 다시는 결혼하지 않고 원래 살던 아파트에서 혼자 살았지만, 항상 여성들과 사랑을 했다. 마지막까지 인생의 즐거움과 세상의 아름다움을 만끽하면서 살았다. 그는 아침마다 체조를 하고, 승마로 몸을 단련했다.

그는 88세로 세상을 떠날 때 장례를 최소한으로 치러달라고 유언했으나, 그것만은 실현되지 않았다. 그의 장례는 전 국민이 참여하는 국장國葬으로 치러졌다. 제1차 세계대전의 패배로 폐위된 독일 황제 빌헬름 2세는 회고록에 이렇게 썼다.

독일에 클레망소가 있었다면, 우리는 지지 않았을 것이다…….

클레망소는 정치적으로 반대파도 많았고, 비판을 받을 정

클레망소 총리의 국장에 참여하기 위해 연도에 늘어선 시민들

책이나 이해할 수 없는 행동도 많이 했으며, 성격적으로도 결함이 많은 사람이었다. 그러나 국가를 위해서는 정파나 노선을 떠나서 결단했다. 국가가 위기에 처했을 때 분연히 일어나서, 신념과 용기로 조국에 승리를 안겨주었다. 그가 숨을 거두자, 반대파들도 눈물을 흘리면서 슬퍼했다.

클레망소는 "전쟁은 너무나 중요해서, 군인들에게만 맡겨놓을 수 없다"라는 명언을 남겼다. 그 후로 이 말은 세계의 많은 문민정부가 군부를 통제할 때에 인용하는 말이 되었다. 반면 군인 출신으로 정계에 들어온 드골은 클레망소를 인용하여 "정치는 너무나 중요해서, 정치가들에게만 맡겨놓을 수 없다"고 뒤집어 말하는 위트를 보였다. 물론 클레망소가 이 말을 들었다면, 그의 성격으로 보아 드골에게 대노했을 것이다.

영원히 기억되는 구국의 아버지

클레망소는 대외적으로 전쟁 영웅이었지만, 국내적으로는 군주제와 교회의 전횡과 식민주의와 인종주의에 저항했던 정의와 자유의 투사였다. 그는 무기 대신 웅변과 펜으로 싸웠다. 그는 예술을 사랑하고 문학을 중시하며, 항상 독서하고 평생 글을 쓰고, 어디서나 신문과 잡지를 발행했다. 그는 38년간이나 독신으로 살았지만, 세상의 많은 곳을 여행하고, 어디서나 환대받았다. 실로 부러운 인생이 아닌가.

노년의 클레망소

클레망소 박물관 내부

　클레망소가 죽음을 앞두자 한 친구가 그가 살던 아파트(그는 마지막에도 다만 세입자였다)를 사들였는데, 나중에 이를 기증하여 클레망소 박물관이 되었다. 파리를 비롯한 프랑스 곳곳에 있는 그의 이름이 붙은 거리와 광장과 지하철역들은 일일이 거론할 수도 없을 지경이고, 외국만 해도 베오그라드, 몬트리올, 베이루트, 싱가포르 등에 클레망소 거리가 있다.

　무엇보다도 프랑스 해군은 1961년 조국을 수호할 최초의 대형 항공모함을 진수하면서 '클레망소 함艦'으로 명명했다.

안톤 체호프
Антóн Пáвлович Чéхов

세상을 향한 뜨거운 사랑, 빛나는 문학이 되다

가난한 의대생 체호프는 자신의 학비와 가족의 생활비를 벌기 위해 아르바이트로 신문과 잡지에 수백 편의 글을 썼다. 그렇게 시골 의사가 되자 그는 환자들을 따뜻하게 바라보는 세심한 관찰자가 되었다. 결국 그는 러시아를 대표하는 문호가 되어 세상에서 가장 인간적인 작품들을 남긴다.

사할린을 향한 관심, 세상을 향한 사랑

1890년 봄, 모스크바에서 장래가 촉망되던 30세의 젊은 의사가 짐을 꾸렸다. 그는 주변 사람들에게 명확한 이유를 말하지 않은 채 멀고 먼 길을 떠났다. 마차와 말과 배를 바꾸어가면서 가는 데만 몇 개월이 걸릴지도 모르는 길을 떠났다. 행선지는 사할린이었다.

제정러시아에서 사할린은 유배지였다. 그것도 가장 먼 동쪽 끝에 있는 얼어붙은 땅. 거기에 무엇이 있는지 모르기 때문에, 알려진 것이라곤 '아무것도 없는 곳'이라는 사실뿐이었다. 유배형을 받은 사람은 죽으러 가는 심정으로 떠났고, 가족을 만날 기대는 접어야 하는 곳이었다. 고통의 땅, 굶주림의 땅, 추위의 땅, 매독과 전염병이 창궐하는 죽음의 땅이었다.

사할린으로 떠나기 전의 체호프(1890)

떠나는 의사는 모스크바 대학 의학부를 졸업한 앞날이 창창한 젊은 의사였으며, 동시에 문학계의 권위 있는 푸시킨 상을 이미 수상하여 작가로서의 찬란한 미래를 앞둔 청년 문학가이기도 했다. 그런 그가 의사로서나 작가로서나 경력의 결정적인 단절이 될 것이며, 또한 목숨을 희생하거나 그게 아니라도 치명적으로 건강을 해칠 수 있는 사할린행을 단행한 것이다. 그때 이미 각혈을 하고 있었으니, 의사였던 그는 자신의 상태를 알고 있었다.

주변 사람들에게는 다만 "그냥 지루해서" 내지는 "기지개나 켜볼까 하고"라며 가볍게 말했던 그가, 속마음을 터놓고 지냈던 문예지 편집장 수보린에게 보낸 편지는 이러했다.

사할린은 견디기 힘든 고난의 땅입니다. 우리는 야만스러운 방법으로 수백만 명을 그곳으로 보내 감옥에서 썩어가게 내버려두고 있습니다. 수많은 사람들을 수천 베르스타(러시아의 거리 단위)나 떨어진 곳에 보내 매독에 걸리게 하고 범죄자를 양산합니다. 그리고 이 모든 죄를 술에 취해 빨간 코를 한 간수들 탓으로 돌립니다. 하지만 실제 잘못을 저지른 것은 간수들이 아니라 우리입니다. 그런데 정작 우리는 이 일에 관심도 흥미도 없습니다.

아닙니다. 사할린은 필요한 땅이고 흥미로운 땅입니다. 귀하께서 안타까워해야 할 것은 제가 글을 덮고 그곳으로 간다는 점이 아닙니다. 그보다 더 안타까운 일은 저보다 능력이 더 뛰어나서 사할린에 대한 관심을 더 잘 불러일으킬 수 있을 누군가가 아니라 저

의대에 다닐 때의 체호프

같은 이가 그 땅에 간다는 사실입니다.

30세를 맞이하던 한 해를 다 바쳐서 육로로 사할린을 찾은 체호프는 유형수들의 실태를 살펴본 다음, 배를 타고 모스크바로 돌아온다. 그리고 그는 그의 진짜 면모를 볼 수 있는 방대하고 진정한 역작 『사할린 섬』을 발표한다.

이 책은 기행문이면서도 사할린의 지리, 기후, 먹거리, 주거, 의복, 도시, 촌락, 수용소 생활, 탄광, 아이누인, 집시, 바다, 식민 정책, 개발 현황, 여성 문제, 결혼, 출산, 아동, 농업, 수렵, 어업, 교회, 질병, 의료 현황과 병원 실태 등이 꼼꼼하게 정리되어 있다. 마치 암행어사와 같은 예리함, 자연과학자의 관찰력과 분석력, 그리고 예술가의 애정 어린 시선이 모두 담겨 있다. 한 사람에 의해서 쓰인 이 방대한 책 한 권으로 우리는 그를, 진정성을 행동으로 보여준 지성인으로 생각하게 된다.

이 책은 소상하고 날카롭고 감동적이다. 자신이 동원할 수 있는 모든 학문을 이용했고, 자신의 지성뿐 아니라 피를 토하는 육체를 모두 사용하여, 세상에서 버림받고 모두가 무관심했던 땅 사할린의 실정과 가능성을 이토록 깊이 있게 써낸 책은 없었다. 한 명의 의학도로서 사할린으로 떠난 체호프는 이 여행에서 돌아와, 진정으로 균형 잡히고 세상을 넓게 보는 현자賢者가 되었다.

그리고 체호프는 모스크바 근교에 정착하여 시골 의사로

일하면서 창작에 전념한다. 그러면서도 지역사회를 위해 봉사하고 지역의 교육이나 교통 문제에도 적극적으로 참여한다. 그의 주도로 지역에 초등학교가 설립되었고, 그는 벽촌의 도서관에 수백 권의 책을 기증했다. 이렇게 한 명의 유능한 의사이자 작가는 이제 이웃을 사랑하는 따뜻한 사람으로 성장하여 마을로 돌아왔다. 이제 그의 주변이 얼마나 환하게 밝아졌겠는가? 그러나 이 젊은이에게 하늘이 허락한 시간은 불과 10년 남짓이었다.

학비를 벌기 위해 글을 쓴 가난한 고학생

러시아의 위대한 의사이자 소설가이자 극작가인 안톤 체호프Антон Павлович Чéхов, 1860~1904는 농노의 후손이었다. 농노였던 할아버지는 피눈물 나는 노력으로 돈을 모아 자신의 노비 문서를 사서 스스로 농노의 신분을 벗고 양민이 된 사람이었다.

그렇게 의지가 강한 할아버지가 뼈 빠지게 모은 재산을 물려받은 체호프의 아버지는 잡화가게를 운영했는데, 그는 아이들에게 종일 일을 시키고 욕설과 매질을 일삼았다. 그런 아버지 밑에서 자란 체호프는 권위에 대한 거부감이 생겼고, 더불어 아버지가 맹신하던 교회에 대한 반항심도 커졌다. 교회의 합창에 심취하고 지방의 정치판에 기웃거리던 아버지의 가게는 결국 파산했고, 아버지는 가족을 데리고 모스크바로 상경한다.

가족이 모스크바로 떠날 때 고향의 김나지움에 다니던 체호프와 형은 공부를 계속하기 위해 시골에 남았다. 그때부터 체호프는 아르바이트를 하여 학비를 벌어가면서 공부를 마쳤다. 체호프는 김나지움 시절에 이미 문학과 연극에 매료되었으며, 그때부터 독학으로 희곡을 습작했다. 체호프는 형제들 중에서 유일하게, 집안에서는 최초로 대학입학 자격을 딴다. 그는 모스크바 대학 의학부에 합격하여 가족들과 합류한다.

그러나 의대 시절 내내 체호프는 심한 생활고를 겪었으며, 자신의 학비뿐 아니라 가족들의 생활비를 충당하기 위해 일을 해야만 했다. 그리하여 그는 잡지와 신문의 짧은 글들, 콩트나 단편 등을 닥치는 대로 쓰면서 돈을 벌었다. 그리고 여기에 자신이 대학에서 받은 장학금까지 보태 부모와 세 형제의 생활비를 댔다. 하지만 이런 체험이 누구도 경험할 수 없는 치열한 문학수업이 된 것은 자명하다.

의사와 작가가 동시에 탄생하다

체호프가 쓰는 글들은 점점 모스크바와 페테르부르크의 주요 잡지와 신문들에서 다투어 싣게 되었으며 그의 원고는 거의 매주 실렸다. 특히 모스크바의 일상을 스케치한 연재물은 인기가 좋았으며, 그의 글은 점점 주목을 받게 되었다. 이렇게 집필 활동을 병행하며 힘들게 의대 공부를 하여 체호프는 의사가 된다. 그러나 당시의 과로로 인해 그는 의대 졸업반 때 결핵에 걸리고 만다. 결국 그의 목숨을 앗아가게 되는 결핵은 23세부터 젊은이의 몸을 망가뜨리기 시작했다.

1884년 체호프는 의대를 졸업하면서 체혼테라는 필명으로 단편집 『멜포메나의 이야기들』을 출판한다. 이 책이 문단의 관심을 받으면서, 체호프는 모스크바의 문예지 『신시대』의 편집장이자 앞서 체호프가 편지를 보냈던 알렉세이 수보린과 평생의 교우를 맺게 된다. 체호프의 재능을 알아본 수보린은 그에게 부업이 아니라 본격적으로 문학을 해볼 것을 권한다. 그때부터 체호프는 보다 진지하게 집필에 임하게 되고 글의 내용도 무게를 더하게 된다.

그는 1887년에 두 번째 단편집 『해질 무렵』을 출판하여, 이 작품으로 권위 있는 푸시킨 상을 수상한다. 이어서 1888년에 중편 『광야』를 내고 높은 평가를 받으면서, 대중과 전문가들 양편에게 모두 인정을 받는 성공을 거둔다. 이때부터 체호프는 초기의 재능으로 반짝이지만 표피적이고 스케치적인 글을 넘어서, 인간 내면의 심리와 고통 그리고 사회의 문제의식을 글에 녹여내기 시작한다. 이렇게 승승장구하던 시기에 체호프는 홀연히 사할린으로 떠났던 것이다.

러시아 단편소설의 총아로 우뚝 서다

사할린 여행에서 돌아온 체호프는 모스크바 교외에 저택을 마련하고, 부모님을 모시고 여동생과 함께 단란한 집을 꾸민다. 앞서 얘기했듯이 그는 시골 의사로서 이웃 농부들을 돌봐주면서 집필을 하는 생활을 한다. 하지만 1898년에 결핵이 급격하게 악화되어 체호프는 어머니와 여동생을 동행하고 얄타로 휴양을 간다. 그때 휴양도시 얄타를 배경으로 쓴 재미있는 단편이 「개를 데리고 다니는 여인」이다.

우리는 흔히 러시아 문학이라면 톨스토이나 도스토옙스키의 길고 긴 장편소설을 떠올린다. 그런 장편소설이 주종을 이루던 러시아 문단에 단편소설의 자리를 만들고 그것을 최고의 위치에 올려놓은 이가 바로 체호프다. 그의 단편들은 가난한 의대생 시절에 가족을 부양하고 학비를 벌기 위해서 쓰기 시작한 것이었지만, 결국 그는 그 장르로 최고의 위치에 오른다. 어린 시절부터 체호프가 평생 남긴 단편과 콩트는 무려 500편이 넘는다고 한다.

현대문학 장르 가운데 가장 중요하다고 여겨지는 두 가지, 즉 단편소설과 희곡에 관해서는 체호프를 빼고는 설명이 불가능하다. 지금 세계의 많은 독자들이 감탄하는 최고의 단편소설 작가들인 고리키, 조이스, 헤밍웨이, 맨스필드, 사뮈엘 베케트 그리고 레이먼드 카버 등이 모두 자신의 단편소설이 체호프에게서 강한 영향을 받았다고 고백했다. 1991년 노벨 문학상을 수상한 네이딘 고디머도 "체호프가 없었다면 여기 단편소설을 쓰는 우리 중에서 누가 존재할 수 있었을까요?"라고 말했다.

이렇게 단편에서 나타나는 수준 높은 표현은 체호프가 의사였다는 사실로 설명할 수 있다. "진정한 예술가는 마치 화학자처럼 객관적으로 볼 수 있어야 한다"고 말했듯이 그는 뛰어난 자연과학자적인 관찰력을 보였다. 그가 세상을 바라보는 수단은 의사의 방식이며, 세상을 묘사하는 태도는 예술가의 태도였다고 할 수 있다. 그렇게 체호프의 단편소설들은 탄탄한 관찰력에 감성 깊은 글이 더해져서 만들어진 것이다. 특히 「관리의 죽음」, 「베짱이」, 「내기」, 「주교」 등의 단편들은 지금 읽어도 등골이 오싹할 정도의 걸작들이다.

러시아 연극의 상징적 존재로 남다

이렇듯 단편소설에서 커다란 족적을 남긴 체호프지만, 그에게는 또 하나의 위대한 영역이 있으니, 바로 희곡이다. 체호프의 문학 세계는 크게 단편소설과 희곡으로 양분할 수 있다. 그런데 두 영역은 완전히 별도의 세계처럼 따로따로 발전했다. 처음에는 단편소설로 각광받은 체호프지만, 만년에는 희곡에 열중하여 결국 현대에서 최고의 극작가이자 러시아에서 가장 중요한 극작가가 된다. 세계적으로 셰익스피어 다음으로 많이

모스크바 예술극장 정면 위에 체호프의 『갈매기』를 그린 간판이 보인다.

공연되는 연극이 체호프라고 말할 정도다.

실은 체호프는 13세 때에 난생처음 극장에 가서 오펜바흐의 오페레타 〈아름다운 엘렌〉을 보고 큰 감명을 받는다. 하지만 평생 가난했던 그는 극장에 쉽게 드나들 형편이 되지 못했다. 그런 그가 가슴속에 지녔던 극장을 향한 열정이 만년에 희곡으로 분출한 것이다. 소설보다 늦게 만개한 체호프의 희곡들은 1896년의 걸작 『갈매기』에서부터 화려하게 피어난다. 그때부터 그가 죽을 때까지 몇 년에 걸쳐 쓴 『바냐 아저씨』, 『세 자매』 그리고 『벚꽃동산』으로 걸작의 맥이 이어진다. 체호프의 4대 희곡으로 일컬어지는 이 네 작품들은 근대 연극의 최고 걸작으로 손꼽힌다. 이 만년의 네 희곡들은 단편소설들과는 또 다른 스타일로서, 인간의 내면을 수준 높은 표현방식으로 그리고 있다.

초연에 실패했던 『갈매기』는 모스크바 예술극장에서 상연한 뒤로 큰 성공을 거둔다. 그때부터 이 극장과 체호프는 불가분의 관계를 맺으면서, 서로를 유명하게 만들어주었다고 할 수 있다. 지금도 모스크바 예술극장에 가보면 건물 전면에 커다랗게 갈매기가 그려져 있어, 러시아 연극에서의 체호프의 비중과 위대함을 다시 한 번 되새기게 한다.

불멸의 평가를 얻은 작가, 그러나 영원한 의사

1900년에 체호프는 톨스토이와 나란히 러시아 학술원의 명예회원으로 선출되지만, 이미 세간의 명예나 세속의 성공을 등졌던 체호프는 자신의 의사와 상관없는 선정에 항의하고 스스로 사임해버린다. 그는 1904년에 폐결핵으로 44년의 실로 아까운 생애를 마친다.

보리스 파스테르나크의 소설 『의사 지바고』에서 지바고는 체호프를 이렇게 묘사한다.

체호프는 마지막까지 예술가의 본분에 따라 충실했고, 누구에게도 상관하지 않는 개인 몫으로서의 자신의 삶을 조용히 살았다. 그런데 그가 했던 그런 행위들이 이제 사회의 보편적인 관심사가 되어, 마치 나무에서 딴 푸른 풋사과가 저절로 익어가듯이 그렇게 그 맛과 의미를 더해갔다.

체호프와 같은 의사인 지바고의 입을 빌려서 말하는 파스테르나크의 이 표현은 소박하고 겸손하지만 그렇기에 더욱 위대했던 체호프를 설명한 가장 멋진 말이다.

그렇다면 위대한 문학가가 되어버린 체호프에게는 문학이 먼저이고 의학은 부차적인 것이 되었을까? 체호프는 수보린에게 보낸 편지에서 이런 말을 썼다.

의학은 저에게 아내이고, 문학은 정부情婦입니다…….

주세페 시노폴리
Giuseppe Sinopoli

세 가지 학문을 하나로 이어보려 했던 꿈

시노폴리는 세계적인 지휘자이자 또한 작곡가이고 인류학자이며 정신과 의사였다. 그는 인간의 정신을 탐구하고 표현하는 세 가지의 학문, 즉 정신의학, 인류학, 음악을 동시에 연구하면서, 그것들을 하나로 모으는 데 전력했다. 하지만 그는 오페라 지휘 도중에 쓰러져 아까운 일생을 마쳤다.

꿈같은 오페라 속에서 떠나다

2001년 4월 20일 베를린의 도이체오퍼 극장(독일 오페라 극장)에서는 이 극장의 오랜 감독이자 유럽 오페라계의 거물로 군림했던 오페라 연출가 괴츠 프리드리히Götz Friedrich, 1930~2000에게 헌정하는 공연이 열리고 있었다. 그날의 곡목은 베르디의 〈아이다〉였다. 공연은 〈아이다〉 중에서도 가장 아름답다는 3막으로 흘러가고 있었고, 무대 위의 두 남녀는 그들의 이룰 수 없는 애달픈 사랑의 이중창을 (비록 프리드리히가 세운 무대 세트이긴 하지만) 아름다운 나일강변의 밤공기 속으로 날려 보내고 있었다. 객석을 가득 메운 청중이 모두 베르디의 서정적인 선율에 취해 있을 때, 오케스트라 박스의 지휘봉이 갑자기 허공으로 나는가 싶더니, 지휘자가 아래로 푹 고꾸라졌다.

연주자들과 스태프들이 달려와서 쓰러진 지휘자를 에워쌌다. 그들은 지휘자를 부축하고 앰뷸런스에 태워 병원으로 실어 갔다. 그러나 들려온 소식은 그의 서거였다. 지휘자는 병원에 도착하기도 전에 이미 사망했다는 판정을 받았다. 세계 음악계에서 가장 독특하고 가장 명석하며, 가장 개성적이고 가장 이해할 수 없었고 아무도 따라갈 수 없을 만큼 다방면으로 뛰어났던 지휘자 주세페 시노폴리Giuseppe Sinopoli, 1946~2001는 지휘계의 정상을 향하여 가파르게 올라가던 중에 안타깝게 심장마비로 세상을 떠났다.

취소된 〈아이다〉 공연은 이틀 뒤부터 같은 이탈리아 혈통의 스위스 지휘자 마르첼로 비오티가 이어받아서 지휘했다(아이러니하게도 비오티 역시 나중에 오페라 리허설 도중에 쓰러져서 사망하는 운명을 맞지만, 그때까지는 아무도 알 턱이 없었다). 그리고 비오티가 지휘한 그날의 〈아이다〉 공연은 이번에는 시노폴리에게 헌정되었다.

3일 후인 4월 23일 그의 조국의 수도인 로마에서 거행된 장례식에는 이탈리아의 대통령과 총리가 모두 참석했다. 장례식 장소는 로마였지만, 그가 활동했던 밀라노, 태어난 베네치아, 공부한 파도바 등에서 많은 인사들이 달려와서 참석했다. 하필 그날, 장례식 날은 시노폴리가 살아 있었다면, 로마의 라 사피엔차 대학에서 그가 인류학 박사학위를 받기로 되어 있던 날이었다. 그날 그는 예정된 박사 가운과 사각모 대신 수의를 입고, 지상의 영광 대신 하늘의 안식처로 날아갔다.

혼자서 세 가지 학문을 동시에 공부하다

시노폴리는 이탈리아의 베네치아에서 태어났다. 이 도시는 우리에게 비현실적인 풍광을 가진 지극히 환상적이고 낭만적인 장소로 각인되어 있지만, 이곳은 또한 세계에서 가장 중요한 현대음악의 도시이기도 하다. 현대음악의 대표적 작곡가인 루이지 노노Luigi Nono, 1924~1990의 고향이며, 현대음악의 문을 처음 열었다고 할 수 있는 스트라빈스키도 자신의 소망으로 베네치아에 묻혀 있다.

어려서부터 음악을 공부한 시노폴리는 본인도 노노의 뒤를 잇는 현대음악 작곡가가 되기를 원했다. 그는 열두 살 때부터 오르간과 화성학을 공부했다. 하지만 음악과 전혀 관계없는 분야에 있었던 부모는 아들의 재능을 확신할 수 없었다. 그래서 부모는 아들이 장래가 불투명한 예술을 직업으로 삼기보다는 의사가 되기를 희망했다. 베네치아에서 가까운 파도바 의대는 400년이 넘은, 세계에서 가장 오래된 명문 의대로서 유명한 해부학 강의실이 지금도 보존되어 있다. 시노폴리는 부모의 바람대로 파도바 의대에 진학했다.

하지만 동시에 그는 부모 몰래 베네치아의 마르첼로 음악원에 등록하여 음악도 함께 공부했다. 시노폴리는 마르첼로 음악원에서 전자음악의 창시자 중 한 사람인 현대음악의 대가 브루노 마데르나Bruno Maderna, 1920~1973를 사사하여 큰 영향을 받았다. 이리하여 그는 의학과 음악을 두 학교에서 따로 그러나 시간적으로는 동시에 공부했다. 결국 시노폴리는 첫째 베네치아 출생이라는 점, 둘째 마르첼로 음악원 출신이라는 점, 셋째 마데르나의 제자라는 점, 그리고 넷째로 동시에 파도바 대학 출신(노노는 파도바 대학 법대 출신이다)이라는 네 가지 점에서 모두 노노의 후배가 되었다.

두 가지 공부를 동시에 한다는 것은 참으로 어려운 일이겠지만, 개인의 노력과 재능뿐만 아니라 물리적 여건도 뒷받침이 되어야 할 것이다. 파도바 대학과 베네치아의 마르첼로 음악원은 40킬로미터 정도 떨어져 있어서, 열차를 타면 1시간 안에 도착한다. 젊은 날의 시노폴리는 의학 서적과 악보가 함께 들어 있는 배낭을 메고 열차에 뛰어올라 타면서 두 가지 공부를 모두 수행해냈다. 아, 아니다. 세 가지였다. 시노폴리는 파도바 대학을 다니는 동안에 인류학 강의도 들었던 것이다. 그는 파도바에서 의학사 학위와 인류학 학사학위를 모두 땄다. 의학 논문 주제는 뇌과학에 관한 것인데, '소리를 감지하는 순간의 뇌의 생리에 관한 것'이다. 인류학 논문은 범죄인류학 분야로 '예술 작품에서의 범죄적 순간에 관한 것'이었다. 그가 연구한 두 가지 분야는 모두 나중에 그의 현대음악 작곡에 중요한 바탕이 된다.

시노폴리는 1972년에 파도바 대학을 졸업하고 정신과 의사가 되었다. 그러나 그는 의사로서 병원에 근무하는 대신 현대음악의 성지라고 할 독일의 다름슈타트로 간다. 그리고 다름슈타트에서 카를하인츠 슈토크하우젠Karlheinz Stockhausen, 1928~2007 등으로부터 전자음악을 공부했다. 그 뒤 그는 고향으로 돌아와서 모교인 마르첼로 음악원의 현대음악과 전자음악 교수가 된다. 불과 25세 때였다.

다양한 분야의 책들을 갖춘 자신의 서재에서 악보를 연구하는 시노폴리

드레스덴 젬퍼 오페라극장에서 리허설을 지휘하는 시노폴리

그는 마르첼로 음악원의 교수직을 가지고 있으면서, 다시 지휘를 배우기 위해 역시 남몰래 빈으로 달려갔다. 그는 클라우디오 아바도와 주빈 메타와 마리스 얀손스 등을 가르친 빈 음대의 전설적인 지휘 교수 한스 슈바로브스키Hans Swarowsky, 1899~1975를 찾아가서, 슈바로브스키의 마지막 클래스에 들어가 지휘를 배웠다.

시노폴리는 1975년에 스스로 현대음악 연주단체를 설립한다. 그는 이 악단을 스승의 이름을 따서 브루노 마데르나 앙상블Bruno Maderna Ensemble로 명명했다. 많은 사람들이 이 악단을 '시노폴리 앙상블'이라고 생각했지만, 그는 늘 스승의 이름을 내세울 뿐이었다. 이후로 시노폴리가 작곡하는 많은 현대음악 작품들이 이 앙상블을 통해서 발표되었다.

승승장구하던 음악적 경력

시노폴리는 이후로 작곡과 지휘와 연구를 계속 병행하면서 음악을 향한 지칠 줄 모르는 열정과 무한한 재능을 뿜어냈다. 일반인들에게는 그가 지휘자로 알려져 있지만, 비평가들에게 높은 평가를 받는 부분은 작곡이다. 그의 작곡은 전위적이어서 대중이 즐기기에 힘든 점은 있지만, 오페라 같은 작품은 굳이 어렵다고만은 할 수 없다.

대표적인 것이 오페라 〈루 살로메〉다. 이 작품을 높이 평가하여 1981년에 뮌헨의 바이에른 국립 오페라극장에 올린 것이 서두에서 얘기한 괴츠 프리드리히였다. 오페라 〈루 살로메〉는 니체와 릴케의 연인이었던 비범한 여인 루 살로메에 관한 이야

시노폴리 자신의 작품 〈루 살로메〉 등을 직접 지휘한 음반

기이다. 나중에 루는 프로이트를 만나 그의 제자가 되고 정신분석학자가 되었다. 그러나 이것은 정신과 의사인 시노폴리의 전문성이 발휘된 작품이라고 할 수 있으며, 이 작품으로 시노폴리는 오페라 분야에서 작곡가로서 명성을 굳힌다.

지휘자 시노폴리는 점점 유명해져서 1983년부터 이탈리아를 대표하는 오케스트라인 로마 산타 체칠리아 음악원 관현악단의 음악감독이 되었다. 그리고 다음 해에는 런던 필하모니아 오케스트라의 수석 지휘자가 되었다. 또한 1992년부터 드레스덴 슈타츠카펠레의 수석 지휘자가 되는 등 세계 지휘계의 주요한 직책들을 맡는다.

하지만 시노폴리는 유명해지는 만큼 논란의 중심에 서기도 했다. 특히 그의 지휘에 대해서 평론가들은 독창적이지만 작품을 난도질하는 것이며 오케스트라를 살해하는 것이라는 비난도 서슴지 않았다. 특히 그가 맡은 명문 필하모니아 오케스트라는 오토 클렘페러, 카라얀, 존 바비롤리 같은 대가들이 오랜 세월 동안 공들여 구축한 특유의 소리가 있었지만, 이것을 시노폴리가 파괴했다고 비난했다. 특히 피에르 불레즈나 리카르도 무티 같은 정통파로 알려진 기성 지휘자들은 시노폴리의 스타일을 비난했으며, 베를린 필하모닉과 빈 필하모닉 오케스트라의 단원들은 그의 지휘를 거부하기도 했다. 특히 그가 지휘한 슈만, 브루크너, 말러 등의 연주들은 최고의 명연들이기도 했지만, 반면 너무나 개성이 강하여 비판의 대상도 되었다.

하지만 동시에 시노폴리에 열광하는 청중 또한 많았다. 그는 특히 베르디, 바그너 그리고 리하르트 슈트라우스의 오페라를 탁월하게 해석했으며, 1985년에는 바이로이트 페스티벌에 초청되어 바그너의 〈탄호이저〉를 지휘했다.

학문과 음악 그리고 인간

시노폴리는 역사학과 고고학에도 깊은 관심을 가졌다. 그가 인류학을 더욱 깊게 공부하기 위해서 로마의 라 사피엔차 대학에서 박사과정을 밟은 것은 처음에 얘기한 바와 같다. 특히 그는 지중해와 중동 문화에 관심이 높아서 그 방면의 고대 신화와 역사를 다룬 오페라인 베르디의 〈아이다〉와 〈나부코〉

역사와 고고학에도 관심이 깊었던 시노폴리는 이집트 등 고대 유적지를 자주 방문했다.

그리고 리하르트 슈트라우스의 〈살로메〉와 〈엘렉트라〉, 〈낙소스의 아리아드네〉에 조예가 깊었다. 또한 인간의 심리 표현이 중요한 오페라들인 베르디의 〈맥베스〉와 〈운명의 힘〉, 푸치니의 〈토스카〉와 〈나비부인〉 등도 즐겨 지휘했다. 이런 작품들의 지휘에는 자신의 정신의학적 식견을 잘 살려 독창적인 해석을 보여주었다.

시노폴리의 지휘자로서의 음악적 해석을 평가하기는 복잡한데, 그래도 한 마디로 정리하자면 개성적이며 극단적인 지휘자라고 말할 수 있다. 그를 변호하자면 그가 작품의 배경에 대해서는 역사학과 인류학적인 관점에서 완전히 새로운 해석을 하며, 인물의 심리에 대해서는 정신의학과 뇌과학적 측면에서 깊은 지식을 가졌기 때문이라고 말할 수도 있겠다. 즉 그는 지금까지 우리가 익숙해 있던 전통적이고 방만한 해석과 매너리즘에 일침을 가한 셈이다.

그런 그에게는 열광적인 팬들도 아주 많았다. 특히 일본에서 그의 인기가 대단히 높아서, 그가 바이로이트 팀을 이끌고 일본을 찾았던 공연은 최고의 입장료를 기록했다. 시노폴리는 최고의 레코드 레이블인 도이체그라모폰DG과 전속 계약을 하여, 이 레이블을 통해 많은 음반을 녹음했다. 특히 말러 교향곡 전집과 브루크너의 교향곡들 그리고 슈만의 교향곡들은 그의 오페라 음반들과 함께 지금도 애호가들의 수집 대상이 되고 있다.

베네수엘라 국립 청소년 오케스트라와 함께한 시노폴리

    여러 논란에도 불구하고 시노폴리는 인간적으로 대단히 매력적인 인물임에 분명하다. 그는 머리가 무척 좋고, 엄청난 분야를 섭렵하는 방대한 독서량을 가졌으며, 대단한 달변가였다. 시노폴리는 7개 국어를 읽고 말할 수 있었는데, 그중에는 이집트어와 그리스어도 포함되었다. 그러므로 그와 개인적인 친분이 있는 측근들에 따르면, 그는 좋아하지 않을 수 없는 인물이었다고 한다. 또한 그는 멋쟁이로서 늘 수염을 소중하게 길렀고, 그가 즐겨 썼던 보르살리노 모자는 지휘계를 통틀어서 그의 선배인 카를로 마리아 줄리니와 시노폴리, 두 사람의 트레이드마크였다.

떠나간 그를 그리워하는 사람들

시노폴리는 베네치아 출생이지만 그의 아버지는 시칠리아의 메시나 출신이었다. 시노폴리는 아버지의 영향으로 서양문명의 중심은 시칠리아라는 생각을 가지고 있었다. 고대 중동이나 지중해에 대한 그의 관심이나 고고학과 인류학에 대한 사랑도 거기서 시작된 것이다.

시노폴리는 1989년부터 1997년까지 시칠리아의 메시나에서 가까운 작은 도시 타오르미나 페스티벌의 음악감독을 역임한 바 있었다. 타오르미나는 고대 그리스 유적이 있는 곳으로 산 정상에 있는 고대 야외극장에서 올라가는 공연이 매혹적인 곳이다. 고대의 유물과 정신에 관심이 많은 시노폴리는 이런 타오르미나를 좋아하여, 그의 명성에 비해서는 아주 소박한 이 페스티벌에 열심히 헌신했다.

그가 세상을 떠나자 그런 시노폴리를 기리고 감사하기 위해서 2005년부터 타오르미나 페스티벌은 그에게 헌정되었다. 즉 그때부터 명칭이 '주세페 시노폴리 페스티벌'로 바뀌어 그를 기념하는 국제 음악축제가 된 것이다. 타오르미나의 시노폴리 페스티벌은 또한 메시나에 있는 코렐리 음악원 교수와 학생

타오르미나의 고대 그리스 극장.
멀리 에트나 산이 보인다.

들을 중심으로 '시노폴리 체임버 오케스트라'를 창설했다. 이 오케스트라는 시노폴리를 기념하여 그의 작품을 비롯한 현대 음악들을 선보인다.

시노폴리 페스티벌은 단지 이 페스티벌을 지휘했던 지휘자로서의 시노폴리를 기념하기 위한 것만이 아니다. 그들은 창설 선언에서 이렇게 명문화하고 있다.

우리는 작곡가로서 시노폴리, 그리고 인류학자로서 지성인으로서 그리고 무엇보다도 의사로서의 시노폴리라는 한 인간을 기린다.

서머싯 몸
William Somerset Maugham

지적이고 세속적인, 그러나 헌신적인 일생

영국에서 가장 성공한 작가의 한 명이었던 서머싯 몸은 원래 의사였다. 작가로서의 성공 뒷면에는 어두운 어린 시절과 직업을 향한 고민, 정체성에 대한 번뇌, 그리고 소외된 자들에 대한 애정이 숨어 있었다. 그럼에도 그는 고독한 일생에서 성공을 거머쥔 승리의 표상이기도 했다.

소설의 모델은 고갱만이 아니다

『달과 6펜스The Moon and Sixpence』는 유명한 소설이라서, 읽어 본 분들이 적지 않을 것이다. 이 책의 주인공은 프랑스의 화가 폴 고갱을 모델로 했다. 내용은 런던의 금융회사에서 잘나가던 한 직원이 어느 날 회사에 사표를 내고 직업을 화가로 바꾸어 새로운 인생을 만들어간다는 이야기다. 극적인 내용과 흡인력 있는 구성 및 문체로써 전 세계 독자를 사로잡은 드라마틱한 소설이다.

그런데 이 소설을 쓴 작가 윌리엄 서머싯 몸William Somerset Maugham, 1874~1965이 의사였다는 사실은 정작 소설만큼 알려져 있지 않다. 작가 몸도 마치 『달과 6펜스』의 주인공처럼, 의사의 가운을 벗고 작가라는 길을 자의로 선택했던 사람이다.

『달과 6펜스』에서 사회에서 잘나가던 직장인이자 성실한 가장인 남자는 하루아침에 아내와 자식 다섯 명을 내팽개치고, 화가가 되기 위해 남태평양의 타히티섬으로 홀연히 떠나버린다. 그곳에서 그는 자신이 원하던 그림을 그리고 원주민 여성들과 사랑을 나누지만, 결국 화가로서는 어떤 인정도 받지 못한 채 매독에 걸려 죽어간다. 물론 이 이야기는 알려진 대로 고갱의 이야기다. 그리고 또한 현실과 낭만 사이에서 방황하고 두 세계 사이에서 괴로워했던 작가 몸 자신의 모습이 투영되었음도 떠올리지 않을 수 없다.

몸은 대대로 변호사였던 영국 상류층에서 태어나 의사가 되었지만, 그는 평생 작가로서의 길을 걸었다. 그러면서도 전쟁이 터지면 의사로서 의무부대 요원으로 참전하기를 꺼리지 않았다. 또한 당시 세상에 만연한 질병과 가난과 전쟁의 참혹함 속에서 신에 대한 회의를 지니고 살면서도, 영국 정보부의 비밀 첩보원이 되어 국가를 위한 스파이 활동도 하는, 모순적이고 이중적면서도 모험적인 삶을 살았다. 그러면서도 몸은 세상의 이야기들을 재미있게 풀어나가는, 재능 넘치고 당대에 가장 인기가 높았던 소설가이기도 했다. 하지만 몸은 평생 그런 세속적 명예에 안주하지는 않았다.

변호사 집안의 가업을 강요당한 어린 시절

서머싯 몸은 1874년 파리 주재 영국대사관에서 법률 담당으로 일하던 변호사의 넷째 아들로 파리에서 태어났다. 프랑스에서 태어난 아이는 프랑스 국적을 취득하며 동시에 프랑스의 병역의무를 이행해야 한다는 법률 조항이 있었다. 이에 그의 아버지는 변호사의 능력을 발휘하여 아들이 법적으로 영국 영토인 대사관에서 태어났다고 주장하여, 아들의 장래를 위해 프랑스군의 병역의무를 면제받게 한다. 나중에 그가 전쟁터를 누비고 첩보원으로 활약한 사실을 상기하면 아이러니한 이야기다.

그러나 몸이 8세 때에 어머니가 결핵으로 사망하고, 이어 10세에 아버지도 암으로 세상을 떠난다. 졸지에 고아가 되어버린 몸은 법적 보호자였던 숙부를 따라 영국으로 간다. 그리고 켄트 지방의 성공회 사제였던 숙부에게 양육된다. 숙부는 아주 냉담하고 심지어 잔인하기까지 한 인물로서, 몸은 사랑을 느끼지 못하고 내내 외롭고 혼란스럽고 고아와 같은 심정으로 청소년기를 보낸다. 원래 몸의 가문은 변호사 집안으로, 대대로 변호사가 많았으며 몸의 형들도 변호사가 되었다. 이에 숙부도 몸에게 장차 변호사가 되기를 강요하는데, 변호사를 원치 않았던 몸은 미래에 대해 혼란을 느낀다.

몸은 10세에 숙부의 강요에 의해서 캔터베리에 있는 킹스 스쿨에 진학하여 기숙사 생활을 한다. 하지만 프랑스에서 태어나 영어가 서툴렀던 몸은 학교생활에 적응하기 어려워한다. 그러다가 그는 15세에 어머니처럼 결핵에 걸리고 만다.

결핵에 걸린 몸은 요양을 위해 학교를 휴학하고 남프랑스로 간다. 프랑스에서 보낸 이 시기에 몸은 비로소 학교생활의 중압감에서 벗어나서 자신을 찾는다. 그는 이때 모파상을 비롯한 프랑스 작가들의 소설을 읽으면서 자신의 내면에 감추어져 있던 문학적 소양을 발견하고 키워가기 시작한다.

다음 해에 그는 영국으로 돌아오지만 킹스 스쿨에 복학하지 않고 포기해버린다. 대신 그때부터 문학에 뜻을 두고 정진한다. 그리하여 그는 독일의 하이델베르크 대학으로 가서, 청강생으로 문학, 철학, 독일어 등의 강의를 수강하면서 어학과 문학 공부에 매진한다. 이 시기에 그는 처음으로 작품을 써보는데, 그가 처음 고른 소재는 오페라 작곡가 자코모 마이어베어Giacomo Meyerbeer, 1791~1864의 전기傳記였다.

뜻하지 않게 선택한 의사의 길

그러나 여전히 그의 보호자였던 숙부는 그런 몸을 못마땅하게 여겼다. 숙부는 다시 몸에게 형들처럼 변호사나 아니면 회계사 같은 사회적으로 우대받는 직업을 강권한다. 그리하여 몸은 억지로 회계사 공부를 시작해본다. 하지만 역시 도무지 흥미를 찾지 못한 몸은 숙부와 협상을 시작한다. 몸은 적성에 맞지 않는 변호사나 회계사보다는 차라리 의사가 되는 것이 낫겠다고 생각하여 제3의 대안으로 의사를 제시한다. 그러자 숙부도 의사에는 동의하고, 의대 공부를 밀어주기로 결정한다.

이렇게 하여 우여곡절 끝에 몸은 성 토머스 병원 의대에 들어가서 졸업하고 의사가 된다. 그러나 임상실습을 하는 동안에 그는 의학보다도 영국 하류층의 심각한 건강상태와 비참한 생활의 실상을 처음으로 실감한다. 몸은 상류층에서 태어나서 상류층의 생활만 했던 아이였다. 대사관에서 태어나 프랑스어를 쓰며 자랐고, 학교도 명문 기숙학교와 좋은 대학만 다녔던

의대생 시절의 몸

그는 서민의 실상을 전혀 몰랐었다. 그런 몸은 의대생의 신분으로 비로소 인간이 어떻게 질병에 걸리고 고통 받고 죽어가는가 하는 문제에 맞닥뜨리게 된다.

몸은 비참하게 죽어가는 인간을 보면서 신에 대한 회의가 생기고 실존적인 인간으로 변해간다. 그때부터 그는 평생 가난하고 병들고 불쌍한 사람들에 대한 관심과 사랑을 잃지 않는데, 그것은 굳이 의료가 아니더라도 그의 문학과 행동에서 모두 나타난다.

어느 날 아침에 찾아온 성공

몸은 이런 의대생 때의 실습 경험을 소재로 쓴 첫 번째 장편소설 『램버스의 라이자Liza of Lambeth』를 출간한다. 그런데 이 처녀작의 초판본이 그만 몇 주 만에 매진되고 만다. 그러자 몸은 용기를 얻어서 의사 일을 완전히 포기하고, 전업 작가의 길을 가기로 작정한다.

아직 젊어서 세상 경험이 별로 없었던 몸은 본격적인 문학가가 되기 위해서 창작을 위한 소재를 얻고 집필을 위한 환경을 찾아 스페인으로 떠난다. 어쩌면 귀족놀음 같은 여행일 수도 있었다. 그는 스페인의 세비야와 이탈리아의 카프리 등 유명한 장소를 찾아다니면서 세상의 경험을 쌓아가며 소설을 쓰지만, 이렇다 할 성과를 이루지는 못한다. 그리하여 이번에는 반대로 파리로 가서 몽파르나스에서 일부러 보헤미안의 생활을 자처하면서, 여러 예술가들과 사귀고 또한 로마나 시칠리아 등을 여행하는 등 노력을 멈추지 않는다.

그러다가 1907년 그가 집필한 풍속희극 『프레더릭 부인 Lady Frederick』이 런던의 코트 극장에서 상연되어 대성공을 거둔다. 그리고 이 연극은 그때부터 1년 동안이나 장기 공연된다. 『프레더릭 부인』의 이러한 성공 덕분으로, 그동안 그가 썼던 『잭 스트로Jack Straw』와 『도트 부인Mrs. Dot』 등 무려 네 편의 희곡이 런던 연극의 메카인 웨스트엔드의 이른바 4대 극장에서 한꺼번에 공연되는 행운을 거머쥔다. 이 네 편의 동시다발적인 상연으로 그는 크게 유명해진다. 이 연극들로 몸은 심지어 "셰익스피어 이후에 나온 최대의 극작가"라는 말까지 듣게 된다. 이로써 그는 경제적 안정과 대중적인 명성을 한 번에 거머쥔다.

그 이후에도 몸은 멈추지 않고 꾸준하게 집필을 계속하여 1914년까지 열 편의 희곡과 열 편의 소설을 발표하며 영국에서 가장 잘나가는 작가의 한 명으로 자리매김한다.

끊임없는 모험과 참여의 일생

1914년에 제1차 세계대전이 발발하자, 몸은 자신의 의사 면허를 활용하여 프랑스 적십자사의 이동의무부대에 지원하여 참여한다. 몸은 전쟁에서 쓰러져가는 인간의 참상을 목격하고 괴로워한다.

다음 해에 몸은 영국 정보부의 요청으로 스파이가 되어 스위스 등지에서 활동하는데, 스파이 활동은 좋은 문학적 소재를 제공하여 그는 이 시기에도 계속 집필을 이어간다. 전쟁이 끝나자 스파이 활동으로 건강이 나빠진 몸은 미국에서 요양을 한다. 그러면서 고갱의 이야기를 소설의 소재로 삼기로 작심하고, 고갱이 살았던 타히티섬을 방문하여 취재했으며, 그 외에도 인도, 중국, 홍콩 등 여러 곳을 여행한다.

1917년에는 러시아의 볼셰비키 혁명을 저지하고 정보를 얻기 위한 영국 정부의 특명으로 다시 스파이 임무를 받아 러시아에 잠입하는데, 여기에는 자신만의 소설 소재를 찾고 싶은 욕심도 있었다. 이런 스파이 활동은 매번 그의 건강을 소진시켰지만, 그는 이런 모험을 즐겼다. 그때의 경험을 바탕으로 몸은 1928년에 연작소설집 『어셴든, 영국 정보부 요원Ashenden: Or the British Agent』을 출간하는데, 이것은 현대 스파이 소설의 고전이 된다. 이 작품은 자신의 경험을 바탕으로 쓴 것이니, 한마디로 '제임스 본드가 직접 쓴 007 시리즈'라고 할 수 있다.

　1919년에 앞서 거론한 고갱을 소재로 한 『달과 6펜스』와 이미 써놓았던 장편소설 『인간의 굴레에서Of Human Bondage』가 높은 평가를 받아서, 이전의 희곡의 성공이 아니라 이번에는 소설가로서 또 한 번의 큰 성공을 거둔다. 특히 이미 제1차 세계대전 전에 완성했던 『인간의 굴레에서』는 그가 힘들고 외로웠던 청소년 시절을 거쳐 자아를 확립하기까지의 자서전적인 걸작으로 평가받는다.

　이후 몸은 현대 영국을 대표하는 작가일 뿐 아니라 현대 세계의 문학가로 추앙받게 된다. 그는 여러 세계적 문인들과 교류하면서 사회적으로 존경받고, 미국과 프로방스 등에서 부유한 삶을 살았다.

명망 있는 작가로 활동하던 시절의 몸

성공 이후의 고독한 삶

그러나 외면의 영광과 명예와는 달리 내면적으로 몸은 항상 괴로움을 안고 살아가는 인간이었다. 어려서 부모를 잃고 평생을 고아로 살았던 그는 성정체성의 갈등으로도 생을 다할 때까지 고통을 받았다. 그는 젊어서 여러 여성과 애정 행각을 벌여 부인을 힘들게 했는데, 그것은 자신의 성정체성을 확립하지 못했기 때문이다. 숨겨왔던 그의 동성애적 성향은 그를 괴롭혔고 그는 결혼생활 13년 만에 아내와 결별한다. 그리고 만년에는 동성애자로 외롭고 소외된 삶을 살아간 사람이기도 했다.

현재 몸의 대표작으로 손꼽는 가장 중요한 장편소설들은 『달과 6펜스』와 『인간의 굴레에서』 외에 『인생의 베일The Painted Veil』과 『면도날The Razor's edge』 등이다. 이 작품들은 지금도 전 세계에서 많이 읽히고 있다. 몸은 소설 외에도 문학에 관한 여러 에세이나 평론들을 남겼다. 대표적인 에세이로는 『작가 수첩A Writer's Notebook』이 있으며, 평론집으로는 『방랑의 무드The Vagrant Mood』가 있다.

만년의 몸은 1952년에 옥스퍼드 대학에서 명예 박사학위를 받는다. 또한 영국 여왕으로부터는 명예 작위를 받고, 처칠과 함께 영국 왕립문학원의 부원장으로 추대된다. 그는 90세가 넘는 긴 생애에서 누구보다도 많은 우여곡절을 겪으면서 파란

버킹엄궁에서 작위를 받기 위해 호텔에서 출발하는 몸

만장한 일생을 보낸 인물이었다.

몸의 지적이고 복합적이고, 순수하면서도 세속적이며, 또한 용감하고 이타적인 삶을 우리가 한마디로 평가하기는 쉽지 않다. 그의 작품의 제목처럼 그의 인생에 드리워진 많은 베일들은 결국 우리가 두고두고 그의 소설들을 읽으면서, 독자 스스로 느끼고 찾아가는 수밖에 없을 것이다……

몸은 마치 자기 자신을 설명하고 변명하는 듯이 이런 말을 남겼다.

천재, 그것은 이 세상에서 가장 놀라운 존재다.
하지만 그것을 가진 자에게는 무거운 짐이다.
우리는 그들에 대해 너그럽지 않으면 안 된다…….

살바도르 아옌데
Salvador Allende

모두가 잘사는 나라를 꿈꾸었던 혁명가

의사 아옌데는 빈곤층의 인간다운 생활과 건강은 일대일의 개인 진료를 넘어, 사회 개혁을 통해서 도달할 수 있다고 생각했다. 그리하여 그는 가운을 벗고 라틴아메리카 최초의 민주적 선거로 대통령에 선출된다. 그의 꿈은 원대했으나, 그에게 주어진 시간은 너무나 짧았다.

소총을 들고 저항한 비운의 대통령

1973년 9월 11일, 칠레의 수도 산티아고의 화요일 아침이다. 맑게 갠 날씨처럼 밝은 표정의 시민들이 출근을 위해서 차를 몰고 있다. 라디오에서는 경쾌한 음악에 이어 날씨를 알리는 아나운서의 목소리가 흘러나온다.

"산티아고에는 비가 내립니다……."

그러자 차를 타고 가던 사람들은 차창 밖으로 새삼 하늘을 올려다본다. 하지만 비는커녕 화창하기 그지없다. 다들 일기예보를 비웃는다. 그런데 조금 후에 다시 라디오에서는 "산티아고에는 비가 내립니다"라고 말한다. 틀린 보도가 우습기보다는 뭔가 불길하다.

그때 하늘에 칠레 공군의 전투기들이 나타나더니 시내를 향해 저공으로 비행한다. 그리고 그 방향에서 천둥 같은 소리와 함께 포연이 올라오기 시작한다. 그곳은 바로 대통령궁이었다……. 이것은 영화 "산티아고에 비가 내린다"에 나오는 첫 장면이기도 하다.

'산티아고에 비가 내린다'는 칠레 대통령을 실각시키기 위한 군부 쿠데타의 공격 개시 신호가 되는 암호였다. TV보다는 라디오가 보편적이던 시기에 '산티아고에 비가 내립니다'라는 멘트가 나오면, 즉시 대통령궁을 향해서 공격을 시작한다는 것이었다. 더구나 비가 내리지도 않는 날씨였으니, 방송의 메시지는 더욱 확실했다.

칠레 대통령궁을 공격하는 쿠데타군

하늘에서 전투기들이 최고 통수권자의 거처를 향해 포탄을 날릴 때, 땅에서는 탱크를 앞세운 육군 여섯 개 연대가 대통령궁을 포위했다. 궁을 지키는 경호 병력은 겨우 60여 명이었다.
그리고 쿠데타군을 대표하여 장교 몇 명이 대통령을 찾아온다. 그들은 투항을 권고하면서, 대통령에게 쿠데타군 사령부가 차려진 광장 건너편 국방부로 건너오라는 말을 전달했다. 그러자 대통령이 대답했다.

대통령은 대통령궁에서 손님을 맞는 법이다. 나를 데려가고 싶다면 오라 할 것이 아니라, 피노체트가 직접 와서 나를 데려가라.

쿠데타 당시 대통령궁에서 철모를 쓰고 무장하고 있는 아옌데

그리고 대통령은 전화기를 들고 국민들에게 마지막 방송을 했다. 그의 전화를 받은 방송국 직원은 수화기를 방송 마이크에 대고 있었다. 그렇게 방송을 통해 대통령은, 자신은 결코 대통령궁을 떠나지 않을 것이라고 결연한 의지를 밝혔다. 왼손에 수화기를 든 그는 오른손으로는 AK소총을 붙들고 있었다. 머리에 전투용 헬멧을 썼지만, 옷은 세련된 트위드 재킷에 안에 터틀넥 스웨터를 받쳐 입어서, 그가 멋쟁이였음을 알려주었다.

수화기를 통한 아옌데의 마지막 연설은 현대의 정치 지도자들이 남긴 작별사로서는 최고의 작별사 중 하나로 평가되고 있다. 이 연설은 후대의 정치가들에게 큰 영향을 미쳤다.

국민 여러분, 슬프다기보다는 실망스러울 뿐입니다. 조국을 지키 겠다는 맹세를 저버린 군인들에게 도덕적 단죄가 뒤따르기를 바랍니다. 제가 그들에게 할 수 있는 유일한 말은 저는 결코 사임하지 않는다는 것입니다.

여러분, 그동안 보내주신 성원에 감사드립니다. 정의를 갈구하는 여러분의 의지를 옮기는 통역의 역할에 불과했던 저에게 보내주신 무한한 신뢰에 감사드립니다. 저는 여러분께 헌법과 법률을 준수할 것을 맹세했습니다. 그러니 저는 헌법과 법률을 지키기 위해 지금도 최선을 다하고 있습니다. 이번 사건을 우리의 교훈으로 삼아주시기 바랍니다.

조국의 여성 동지들께 특별한 인사를 전합니다. 우리 정부를 믿어주신 여성 농민과 여성 노동자들, 그리고 어머니들께 감사를 보냅니다. 이 땅의 모든 전문 직업인들에게도 감사드립니다. 조국의 청년들에게도 인사를 전합니다……

라디오로 연설을 들은 쿠데타군 수뇌부는 대통령이 투항할 가능성이 없다고 판단하고 선두부대에게 대통령궁으로의 진입을 명령했다. 방어는 쉽게 무너지고, 궁 내부에서 총격전이 벌어졌다. 대부분의 경호병이 쓰러졌다. 그리고 몇 되지 않는 대통령 측근과 남은 경호원들이 소총을 들고 최후의 항전을 벌였다.

마지막을 직감한 대통령은 2층의 독립기념실로 들어갔다. 그는 붉은 소파에 앉았다. 그리고 자신의 턱밑에서 얼굴을 향해 소총의 방아쇠를 당겼다……. 그의 비극적이고 장렬한 죽음 뒤로 살아남은 사람들에게는 길고 긴 기간의 고문과 대규모 처형, 수많은 '실종'이 이어졌다. 그리고 17년에 걸친 피노체트의 독재정권이 시작되었다.

사망한 아옌데 대통령의 시신을 쿠데타군이
대통령궁 밖으로 옮기고 있다.

그러나 위대한 뜻은 국민의 가슴에

칠레, 아니 라틴아메리카를 통틀어 민주적인 선거를 통해 사회당 정부를 수립한 최초의 대통령인 아옌데가 의사라는 사실은 그의 명성에 비해서는 잘 조명되지 않고 있다. 그러나 그가 지녔던 정책적 방향이나 사회적 관심의 토대는 의사라는 전문성과 인류애를 바탕으로 한다는 것이 그를 이해하는 데 중요한 사항이다.

그는 포연이 가득한 대통령궁에서 스스로 목숨을 끊어서, 나라도 지키지 못하고 정책들도 사라졌다. 하지만 그가 가졌던 국민, 특히 빈곤층을 사랑하는 마음과 정치적인 상징성은 그가 세상을 떠난 지 반세기가 되어가는 지금도 그를 기억하는 사람들의 마음에 남아 있다.

그런 점에서 그의 인생은 실패가 아니다. 그는 대통령으로서는 실패했지만, 도리어 의사로서는 자신의 정책으로서 성공한 것이 아닐까? 2008년 한 칠레 신문의 조사에서 '역사상 가장 위대한 칠레인'으로 칠레 국민들은 살바도르 아옌데를 선정했다.

광산촌에서 배운 사회의 명암

살바도르 아옌데Salvador Allende, 1908~1973는 칠레의 항구도시 발파라이소에서 태어났다. 할아버지 라몬 아옌데 파딘은 저명

아옌데의 할아버지 라몬과 아버지 살바도르

한 의사였다. 할아버지는 평생 하층민을 위한 의료사업과 사회사업을 펼쳤다. 그리고 일찍이 정계로 나아가 하원의원이 되었다. 그는 칠레 역사상 최초의 비非가톨릭 학교를 세우기도 했다. 그는 나중에 칠레 국립의대 학장이 되었으며, 상원의원에 오른다. 할아버지는 칠레에서 정치와 종교의 개혁을 외친 중요한 인물로서, 그의 장례식에서 관을 운구한 사람들 가운데 대통령만 두 명이 나왔다고 한다.

아옌데의 아버지 살바도르 아옌데 카스트로는 할아버지만큼 유명하지는 않았지만, 급진적 변호사로서 정부와 법원에서 근무했다. 아버지는 예술적 재능이 뛰어난 풍운아적인 기질의 남자였는데, 낭비벽이 심하여 재산을 거의 탕진했다. 그런 아버지 때문에 아옌데의 어린 시절은 빈곤했다.

아옌데가 열 살 때 가족은 남부의 이키케로 이주했다. 이키케는 질산염의 원료인 초석의 세계적인 생산지로 칠레 경제의 구심점 역할을 했다. 하지만 광산업자들은 미국 기업과 결탁하여, 이득은 상류층과 미국 자본가들만이 나눠 가졌다. 그리하여 1907년에 초석탄광 학살사건이 일어났다. 형편없는 처우에 광부들이 집단행동을 벌이자, 군대가 광부와 가족 3,000명을 학살했다. 그 후로 이키케는 급진주의의 중심이자 저항의 상징이 되었다. 열 살이었던 아옌데는 이 사건으로 세상에 눈을 뜨게 되었다.

아옌데는 학업에서 빼어난 학생이었다. 그는 모든 과목에서 수위였으며 스포츠도 만능이었다. 또한 그는 학교 공부뿐 아니라 사회서적을 읽고 토론하는 모임에도 참석했으며, 하층민 아이들과도 잘 사귀었다. 아옌데는 아버지와 같은 법학이 아니라 할아버지와 같은 의학을 직업으로 선택했다. 그는 이유를 "나의 삶이 가난하고 어려운 사람들에게 도움이 되기 위하여"라고 말했다. 이것은 그의 평생의 좌표가 되었다.

라틴아메리카의 정치경제적 상황 속의 젊은 의사

나는 한때 탱고에 관심을 가지고 연구하다가, 아르헨티나의 사회 구조에 맞닥뜨린 적이 있었다. 이어 '엘 시스테마El Sistema(베네수엘라의 빈민층 아이들을 위한 무상 음악교육 프로그램)'를 공부하다가는 베네수엘라의 사회적 모순을 접하게 되었다. 그리고 파블로 네루다의 시에 매료되면서 칠레의 사회 문제를 알았다. 그런 것들은 처음에 관심을 가졌던 예술보다도 더욱 내 가슴에 남았다. 예술도 결국은 사회적 산물이며, 위대한 예술일수록 사회의 문제를 담는 법이다. 칠레의 경우 막대한 초석과 구리와 철광석을 보유하고 있지만, 정치는 심각하게 부패했다. 소수 엘리트 계급이 정치를 장악하며 미국 자본가와 결탁하여 국가가 아니라 개인과 계층의 이익만 도모했다. 국가의 이득은 외국으로 유출되고 국민들에게는 혜택이 돌아가지 않았다.

그런 환경에서 아옌데가 성장했다. 아옌데가 나라의 문제를 빨리 간파한 것은 그에게 통찰력도 있었지만, 의사라는 위치와 의학적 지식도 중요한 요인이었다. 국립 칠레 대학 의학부에 진학한 그는 의대 학생회장을 맡으며 사회활동에 참여했다. 그는 빈민가에서 학교를 다녔다. 그 덕분에 그는 빈곤층의 질병이 개인의 위생적인 문제만이 아니라 사회경제적인 문제로 생긴다는 점을 체감했다.

그는 졸업하고 의사가 되었지만, 그의 집안 내력과 학창 시절 운동 경력 때문에 아무 병원도 그를 받아주지 않았다. 그래서 그는 시체안치소에서 검시檢屍 의사로 첫 직장을 시작했다. 그 후로 빈민진료소를 열고 야간학교에서 아이들을 가르쳤다. 그러던 중에 아버지가 돌아가셨다. 돈이 없었던 아버지가 아들에게 물려준 것은 "깨끗하게 살라"는 말뿐이었다. 아옌데

의대생 시절의 아옌데

는 일생을 자신의 부귀나 영달이 아니라, 타인을 위해서 살 것이라고 맹세했다.

의학을 넘어 세상을 위한 정치로 나아가다

그런 아옌데가 정치로 나아간 것은 자연스러운 일이었다. 자신의 생각을 정책으로 펼칠 수 있게 된 것이다. 그는 타고난 매력과 달변으로 인기를 끌었다. 아옌데는 하원의원에 당선되고, 이어 상원의원과 보건부장관을 역임했다. 보건부장관 때는 의대 시절부터 꿈꾸어왔던 서민에 대한 의료개혁을 광범위하게 추진했다. 아옌데의 인기는 점점 높아지고, 결국 진보정당인 인민행동전선의 대통령 후보가 된다.

마침내 아옌데는 선거에서 승리하여 칠레 대통령이 되었다. 아옌데의 집권은 다만 칠레에 좌파정부가 들어섰다는 의미를 넘어섰다. 쿠바밖에 없었던 사회주의국가가 또 하나 세워져, 라틴아메리카 전체로 번져나갈 수 있는 교두보가 만들어진 것이다. 이는 라틴아메리카 전체를 종속시키려는 미국의 구상에 커다란 위협이었다. 아옌데가 당선되자 닉슨 대통령은 국가안보회의를 소집하고, 헨리 키신저를 중심으로 칠레 정권을 붕괴시키기 위한 방안을 준비했다.

대통령이 되자 아옌데는 '칠레의 길'이라고 부르는 사회주의적 개혁을 시작했다. 가장 시급한 것은 초석, 구리, 철광, 석

대중에게 연설하는 아옌데

탄, 요오드 산업과 은행, 무역 등 독과점 대기업들을 국유화하는 것이었다. 이것으로 대기업의 이득이 미국으로 흘러나가는 것을 차단했으며, 국민들에게 많은 일자리를 만들어주었다.

그리고 의사라는 그의 전문성을 앞세워 의료개혁과 교육 및 복지개혁 등이 뒤따랐다. 빈곤층 어린이들에게는 무상으로 우유를 제공하고 급식을 실시했다. 마을마다 모자보건진료소와 법률상담소를 만들고, 전국에 전기와 수도를 놓고, 가난한 노인들에게 연금을 지급했다.

허망하게 좌절된 꿈, 그러나 잊히지 않은 꿈

그러나 이런 정책에 반감을 품은 미국 등 자본주의국가들은 칠레에 대해 투자와 무역을 차단하기 시작했다. 결정적으로 미국이 국제 구리 가격을 크게 하락시켜, 수출의 절반 이상을 구리에 의존하던 칠레의 경제는 급격하게 어두워졌다.

아옌데의 개혁으로 칠레에서의 특권과 이득을 잃을 것을 걱정한 다국적기업들은 칠레 정부와의 협력을 거부했다. 세계 최대의 다국적 식품기업인 네슬레는 영양실조에 시달리는 빈곤층 아이들을 위해서 분유를 구입하겠다는 아옌데의 요청을 거부함으로써, 칠레 민심의 파탄을 야기했다. 이런 식으로 미국과 다국적기업들은 칠레에 파업, 태업, 물가인상 등을 조장하여 경제를 붕괴시키기 시작했다. 아옌데의 꿈은 높은 벽에

대통령이 된 살바도르 아옌데

부딪혔다.

심지어 미국은 무력으로 아옌데를 제거하기로 결정했다. 먼저 아옌데의 측근들을 하나씩 암살로 제거했다. 아옌데의 친구이자 참모였던 아르투로 아라야 중령도 저격당했다. 친구의 습격 소식에 병원으로 달려간 대통령은 직접 수술복을 입고 수술실로 들어갔지만, 아라야는 끝내 사망했다. 쿠데타가 일어나기 두 달 전이었다.

20세기의 가장 위대한 시인이자 칠레를 대표하는 지성 파블로 네루다는 이렇게 말했다.

우리 백성은 사막의 초석광산에서, 해저의 석탄광산에서, 고산의 구리광산에서 장엄한 해방운동을 전개했다. 이 운동의 결과로 아옌데가 대통령이 된 것이다. 이것은 개혁을 단행하고 정의를 실현하며 외국의 손아귀에 들어간 자원을 환수하라는 국민의 명령이었다…….

그러나 혁명은 3년을 가지 못했다.

사람의 병은 개인만의 문제가 아니라 세상을 개혁함으로써 극복할 수 있다고 생각한 큰 의사 아옌데. 아옌데의 꿈은 그렇게 포연 속에서 사라졌다. 하지만 그의 뜻은 여전히 많은 사람들의 마음속에 기억되고 있다.

모리 오가이
森鷗外

의사이자 군인이자 소설가의 트라이앵글

모리 오가이는 천재 소년으로 일본에서 최연소 의사가 되었다. 그는 군의관으로 가장 높은 중장 계급까지 오른다. 그러면서도 문학에 정진하여 일본 문단의 대표적인 작가가 된다. 의사, 군인, 작가의 세 영역에서 두루 최고의 위업을 달성한 그는 일본의 파우스트로 일컬어진다.

파우스트 같은 다방면의 석학

독일의 라이프치히는 예술과 학문의 보고와 같은 도시다. 많은 사람들이 이곳을 방문하는데, 그들은 종종 여기서 공부했던 괴테의 흔적을 찾는다. 시내 중심에 있는 '아우어바흐켈러'라는 식당은 여행객들에게 인기 있는 장소 중의 하나다. 괴테가 명작『파우스트』를 여기서 집필했다고 알려졌기 때문이다. 거의 일평생에 걸쳐서 완성한 대작을 여기서 전부 썼을 리는 만무하지만, 그래도 문호의 흔적을 보고 싶은 사람들이 오늘도 이곳을 찾는다.

아우어바흐켈러에 들어가면 사람들은 흥분한 얼굴로 넓은 식당을 돌아보는데, 벽면의 커다란 벽화가 눈에 띈다. 그림 속

라이프치히 아우어바흐켈러 식당의 벽화.
앞에 앉은 세 사람은 군인이자 의사이자 작가인 모리 오가이의 세 가지 정체성을 상징한다.

에는 그 식당에 온 사람들이 앉아 있다. 파우스트와 메피스토펠레스도 보이지만, 정작 그들 앞에 앉은 세 동양인들이 궁금하다. 한 명은 군복을, 한 명은 서양 신사복을, 한 명은 일본 전통복장을 입고 있다. 그런데 그들은 모두 같은 인물이다. 그 남자는 한 인간으로서 세 가지 직업, 즉 군인, 의사, 작가로서 모두 대단한 업적을 남긴 파우스트 같은 거인이기에 이렇게 그린 것이다.

그림 속의 주인공은 모리 오가이森鷗外, 1862~1922다. 일본 근대문학의 형성기에 큰 족적을 남긴 사람이다. 그런데 그렇게만 말한다면 섭섭할 것이 모리 오가이는 의사로서도 업적을 세운 사람이기 때문이다.『파우스트』에 보면 파우스트는 유럽의 4대 학문 즉 신학, 철학, 법학, 의학의 네 분야에서 학위를 가진 석학으로 묘사되는데, 그런 파우스트에 비교할 만한 일본인이 모리 오가이인 것이다.

모리 오가이는 탁월한 의학자이자 의사이며, 군의관으로서 군인이었다. 군의관으로서는 가장 높은 계급인 중장中將에 이르렀다. 또한 제대한 이후에는 넓은 식견을 인정받아서, 일본의 국립 박물관장, 미술관장, 도서관장까지 역임했다. 문학 분야에서는 당대 최고의 문학자이자 지성으로 일컬어지면서, 소설, 희곡, 수필과 평론을 썼고, 여러 외국 서적들을 번역했다. 이 많은 업적들을 한 사람이 이룬 것이다.

태어나면서부터 의사로 키워진 수재

모리 오가이는 일본 시마네 현 이와미의 사무라이 가문에서 태어났다. 이 가문은 대대로 전의典醫, 즉 영주의 주치의를 배출해온 가문이었다. 신분제가 엄격하던 당시에는 그도 의사로서의 미래가 이미 정해진 셈이었다.

그의 본명은 모리 린타로森林太郎였다. 어려서부터 문학이 좋아서 아버지에게 문인이 되겠다고 말했더니, 아버지는 "그럴 바에야 뒈져버려라"는 말로 "구타바테시마에 くたばってしまえ"라며 화를 냈다고 한다. 결국 부친을 따라 의업의 길을 가지만, 그때 들은 꾸지람의 일본 음音을 사용하여 '후타바테이 시메이ふたばていしめい'를 필명筆名으로 지어 모리 오가이鷗外가 되었다.

아버지는 어린 린타로가 훌륭한 전의가 되도록 다섯 살 때부터 논어와 대학, 맹자를 가르쳤다. 다섯 살짜리 아이는 아침 7시에 시작하는 수업을 위해 매일 할머니의 손을 잡고 1킬로미터를 걸었다고 한다. 어머니의 정성은 더욱 극진하여, 글을 몰랐던 어머니는 아이를 감독하기 위해서 스스로 한문을 공부하여 결국 사서四書를 독학했다. 어머니는 오가이가 54세가

모리 오가이의 아버지

될 때까지 곁에서 아들의 뒷바라지를 한 분이었다. 아이는 훌륭한 양의가 되기 위해서 일곱 살부터 아버지로부터 독어, 네덜란드어, 영어도 배웠다. 그러다가 메이지유신으로 도쿄가 새로운 수도가 되자, 1872년에 오가이의 집안도 영주 가문을 따라 도쿄로 이사한다.

1874년에 오가이는 지금의 도쿄 대학 의학부가 되는 도쿄 의학교에 입학했는데, 12세였다. 우리 식으로 말하면, 초등학교 5학년짜리가 서울대 의예과에 들어간 셈이니 정말 수재였던 것이다. 당시 나이가 너무 어려서 입학원서에 두 살을 더 올

독일 유학 시절의 오가이

려서 쓰고 들어갔다. 의대생들 중에서 모리 오가이는 가장 어렸지만 공부는 대등했다. 특히 그는 수업을 한 번 들으면 이해했으며, 강의시간에 노트 필기를 빠르고 깨끗하게 하는 것으로 유명했다.

그러면서도 그는 독서를 좋아하여 헌책장수에게 책을 빌릴 수 있는 대로 구해 읽었다. 어린 나이에 중국과 일본의 고전을 비롯하여 역사서에 한시까지 섭렵했는데, 특히 소설을 좋아하여 닥치는 대로 읽었다고 한다. 1881년에 모리 오가이는 19세라는 최연소의 나이로 도쿄의대를 졸업했다. 하지만 그는 의대를 다니는 동안에 의학이 아닌 문학에 뜻을 굳혔다. 그래서 의대를 졸업한 그는 문과에 다시 들어가고 싶었으나, 집안 사정이 어려워서 포기했다.

일본 역사상 가장 어린 의사는, 다른 사람은 의예과에 들어갈 19세에 의사가 되어 세상에 나왔다. 그는 군에 입대하여 군의관이 되었다. 그런데 육군에서는 이 젊은 인재에게 독일의 선진 의료체제를 공부하고 오라는 특명을 내려, 그는 원하던 유럽 유학의 꿈을 이루게 되었다.

독일 유학으로 시야를 넓히다

오가이의 4년에 걸친 독일 유학은 의학적으로나 군사학적으로나 그에게 큰 기회였으며, 문학적으로 인문학적으로 견문을 넓히는 계기가 되었다. 당시 독일제국은 과학과 기술에서 눈부신 발전을 이룩하고 있었다. 그런 독일에서 오가이는 세계적인 의학자들에게 직접 다양한 지식을 배웠다.

그는 세균학의 대가였던 막스 폰 페텐코퍼와 로베르트 코흐에게 사사했다. 그러면서도 오가이는 문학에 대한 관심을 억제할 수 없어서 많은 유럽 문학작품들을 읽어나갔다. 그는 특히 그리스 비극과 이탈리아의 단테, 독일의 괴테 등에 심취했다. 당시 하숙집에서 소장했던 원어 장서만 170권에 이른다고 하니 그의 열정을 짐작할 수 있다. 그 시기에 위생학을 배우러 라이프치히에 갔던 그가 아우어바흐켈러를 방문했던 것이다. 그때의 모습이 식당에 그려져 있는 것이니, 그런 일본인들이 얄미우면서 부럽기도 하다.

오가이는 귀국하여 31세에 군의학교 교장서리가 된다. 그는 군의관을 위한 위생 교과서인 『육군위생교정』을 집필했으며, 장교들에게 『전쟁론』을 강의할 정도로 군사적 지식도 높았다. 그는 독일에서 경험한 것들을 일본에서 펼쳐보려고 노력했다.

이때 이미 오가이는 일본에서 가장 박학다식한 사람이며 인문과학과 자연과학, 나아가 문학과 미술과 역사와 철학에까지 정통한, 이른바 전방위적인 식견을 가진 '일본의 파우스트'라는 평가를 받게 된다. 하지만 이런 칭송은 도리어 사람들이 오가이를 경계하는 이유가 되었고, 젊은 오가이도 자기가 최고라는 자만심에 도취되어 있었다.

또한 오가이는 문인이라면 고적한 길을 걸어야 하는데, 고급장교 계급장을 달고 다녔으니, 양자의 괴리감에서 오는 갈등도 있었다. 또한 여성 문제도 있었다. 독일에서 사귀었던 아가씨가 도쿄까지 찾아온 것이다. 오가이의 가족이 그녀를 설득하여 돌려보냈으나, 분명 오가이의 잘못이었다. 그리고 다음 해에 오가이는 해군 중장이자 남작의 딸과 정략적으로 보일 수 있는 결혼을 했는데, 아들을 낳고 1년 만에 이혼했다. 어쨌거나 오가이는 여성 문제에서 두 번의 패착을 했으니, 그의 젊은 날의 흠결로 남은 일이었다. 그 때문인지 그는 이후 10년간 독신으로 생활한다. 하지만 그것은 또한 그가 성숙해지는 계기가 되었다.

문학의 길에서 위로를 찾다

그런 시절에 오가이는 문학에 집중하여 위로를 찾았으니, 이때부터 소설을 집필하게 된다. 유학시절 독일 여성과의 연애를 바탕으로 하여 고백하듯이 쓴 『무희舞姬』를 비롯한 세 편의 소설을 발표하여 소설가로서 위치를 세운다. 그리고 이제부터 오가이는 내면을 추구하는 삶을 살게 된다. 하지만 그렇다고 해서 이미 걷고 있는 군대의 직職을 그만 둘 수도 없었고 의사라는 업業을 내던질 수도 없었다.

　그때 계속 친위연대에서만 근무하던 오가이에게 큐슈의 고쿠라에 있는 지방 사단으로 전근 명령이 떨어졌다. 군의관의 신분으로 활발한 문필활동을 했던 것이 고위층의 미움을 샀던 것으로 보인다. 장교의 취미 정도로 볼 수 없을 만큼 그의 문학적 명성이 높아져버린 것이다. 글이나 쓰는 작가에게 군대에서 월급을 준다는 것을 누가 양해할 수 있을까? 이때부터 오가이의 균형과 양심을 지켜볼 수 있는 상황이 전개된다. 그는 군인으로서의 직책과 문학가라는 자신이 하고 싶은 일의, 두 정체성 사이에서 균형을 지키면서 지혜를 발휘했다. 즉, 그는 이후 20년 동안 소설을 쓰지 않는다.

　그는 고쿠라의 조용한 주택에서 하녀 한 명만 두고 소박한 생활을 했다. 독일에서 돌아온 이후 군인으로 의학자로 작가로서 바빴던 그가 오랜만에 자신만을 위한 조용한 시간을 가질 수 있었던 것이다. 그런 점에서 소도시 고쿠라에서의 3년은 그의 성숙을 위해 중요했다.

　후쿠오카 역에서 키타큐슈행 열차를 타면 고쿠라 역에 내릴 수 있다. 역에 내려서 건너편으로 직진하면 '모리 오가이 구택舊宅'이라는 표지판을 만난다. 여기에 모리 오가이가 살던 흔적이 보존되어 있다. 이곳에서는 그에게 어떤 극적인 사건도 창작도 없었다.

고쿠라로 전근 가기 전날 정복을 입은 오가이.
일본 군의관으로서는 가장 높은 중장의 계급에 올랐다.

고쿠라에 있는 모리 오가이 구택

　매일 아침 부대로 출근하여 업무를 보고, 퇴근길에 프랑스 신부를 찾아가 프랑스어 수업을 받고 6시에 돌아왔다. 저녁을 먹고 다시 산책을 나갔다. 돌아와 복습을 하고, 독학으로 산스크리트어를 공부하고 잠을 잤다고 한다. 이렇게 규칙적으로 보낸 3년간은 창작을 하지 않으면서 그의 심신을 쉬게 하고 균형을 되찾아주었다. 오가이는 매끼 현미밥 한 공기에 채소 반찬 세 가지만 먹었으며, 술은 입에 대지 않았다고 한다. 그 후로 평생 소박하고 단순한 생활과 규칙적인 공부를 했으며, 4시간 이상 잠을 잔 경우도 거의 없었다고 전한다.

군의관으로서 최고의 직책에 오르다

1902년 오가이는 다시 도쿄의 1사단으로 배속되어 상경했다. 이 전속을 전후하여 그는 자신보다 19세나 어린 아라카 시게와 재혼한다. 시게는 미인이었고 문재文才를 겸비하여, 나중에는 본인도 소설을 발표하는 등 오가이의 사랑을 받는다. 그 무렵 오가이의 남동생도 도쿄 대학 의학부를 졸업하고 개업했는데, 그도 오가이처럼 예술에 관심이 높았다. 특히 동생은 가부키 마니아여서 『가부키』라는 잡지를 창간했다. 그래서 오가이는 동생의 요청으로 『가부키』에 기고하면서 다시 펜을 들게 되었다. 오가이는 서양 연극을 소개하고 서양 희곡을 번역하여 실었다. 이때 오가이가 소개한 작가가 입센이나 스트린드베리 같은 북유럽의 문제 작가들이었다. 그러면서 자신도 희곡을 쓰기 시작했다.

오가이는 육군성 의무국장이 되는데, 군의관으로서 가장 높은 중장이었다. 그는 이 직위에서 9년을 근무하고 제대했다. 의무국장 시절부터는 눈치 볼 데도 없어서였는지, 20년 만에 다시 소설을 쓰기 시작했다. 당시 그보다도 다섯 살이 어린 나쓰메 소세키가 『나는 고양이로소이다』나 『도련님』 등을 발표하면서 명성을 떨쳤는데, 그것도 그에게 자극이 되었다.

이때 오가이를 흠모하는 젊은 문인들이 모여들어 문예지 『스바루』를 창간하고, 오가이는 그들의 중심이 된다. 공인하는 대가가 된 오가이는 편안한 문체와 느긋한 속도로 유유자적한 소설들을 내놓는다. 그 시기에 나온 걸작이 사무라이 가문의 비극을 그린 『아베 일족』이며, 의대생의 연애를 그린 『기러기』도 이때 나왔다. 이제 일본 소설계는 모리와 나쓰메, 두 대가의 양대 체제가 된다.

오가이는 평생을 근무했던 육군을 제대할 때에나 이 책의 제목에 어울리는 가운을 비로소 벗었다고 생각할 수 있을지 모른다. 그러나 그가 군의 고위직에 올라 20년 만에 두 번째 소설 작업기에 들어섰던 45세에 그는 가운을 벗은 것이라고 볼 수 있다. 이때부터 그는 겉으로는 군복을 입었지만, 누구의 눈치도 보지 않고 예술가의 길을 걸었다.

인생의 마지막 길에서

군대를 물러났지만 그에게는 명성에 걸맞은 지위가 주어졌다. 즉 오가이는 도쿄국립박물관의 전신인 제실帝室 박물관장과 궁내성 도서관장을 겸임하게 되고, 지금의 도쿄국립미술관인 제국미술원장 자리에까지 올라, 문학을 넘어 모든 예술에서 최고 지성으로 인정받는다.

1921년 연말부터 오가이는 신장 기능이 떨어지고 젊어서부터 앓고 있던 폐결핵도 심해졌다. 오가이는 의사답게 자신의 상태를 판단하고 사망 3일 전에 유언을 남겼다. 그는 생전의 수

도쿄의 자택 간초로에서 약복 차림의 오가이

많은 영광스런 직함과 칭호들을 모두 거절하고 다음과 같은 말을 남겼다.

묘비에는 모리 오가이가 되기 전의 어린 시절에 불렸던 본명 '모리 린타로森林太郎'라는 이름 네 자 외에는 한 자도 더하지 마라. 공직자로서의 어떤 장례 절차도 행하지 마라.

평생을 의사이자 군인으로서, 군의관이자 소설가로서, 의학자이자 문학자로서, 소설가이자 또한 번역가, 평론가로서 다양한 분야에서 마치 파우스트나 괴테 또는 갈릴레이나 다빈치에 비견할 만한 왕성한 지적 활동을 벌였던 모리 오가이. 사후에 나온 '모리 오가이 전집'은 무려 53권이다. 그는 젊은 날 의사로서 익혔던 지식과 지위를 통해서 더 높고 더 크게 날아갈 수 있음을 보여주었다.

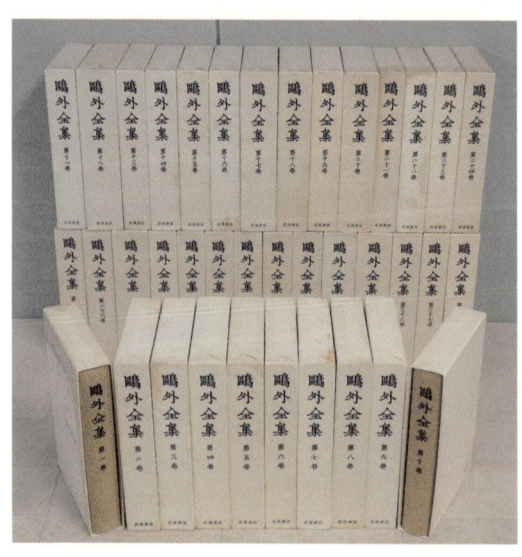

모리 오가이 전집

체 게바라
Che Guevara

거대 체제에 맞선, 혁명의 상징이 된 남자

체 게바라는 의대생 시절에 세상을 여행하면서 불평등과 부조리를 체감하고, 의사가 되자 세상을 바로 세우겠다는 신념으로 혁명에 자신을 내던졌다. 그는 누구보다도 스스로에게 엄격하고 청빈했다. 그는 거대 체제에 의해 무참히 살해당했지만, 여전히 세계인의 가슴에 살아 있다.

영웅으로 이미지화 된 인물

우리는 학교 앞의 문방구나 시장의 옷가게에서 심지어 좌판에서 체 게바라의 얼굴이 그려진 티셔츠를 본다. 뿐만 아니라 머그잔에, 열쇠고리에, 모자에, 가방에, 심지어 스노보드와 오토바이에까지 그의 얼굴이 그려져 있다. 우리는 거의 모든 디자인에서 베레모를 쓴 체 게바라의 얼굴을 보면서 산다. 심지어 '체 게바라'라는 브랜드까지 있으며, 뮤지컬도 있다. 그런데 정작 그에 대해서 물으면 정확히 말하는 사람은 많지 않다.

베레모를 쓴 체 게바라의 얼굴이 프린트된 티셔츠

안다는 사람은 그를 혁명가 아니면 공산주의자 내지는 게릴라로 설명할 것이다. 그렇다면 이 세 단어는 요즘 같은 평화 시대에 어울리지 않는 것들이 아닌가? 혁명가이고, 군복을 입고 다니며, 게릴라나 테러리스트에 가까운 이미지에 공산주의자였던 그의 얼굴을 지금도 가슴팍에 붙이고 다니는 이유는 무엇일까? 공산주의자들 가운데 마르크스보다, 레닌이나 스탈린보다, 마오쩌둥 이상으로 대중에게 유명한 이가 체 게바라일 것이다. 그런데 그가 추구했던 공산주의와 반대편에 있는 자유세계에서 그토록 더욱 열광하는 이유는 무엇일까?

그것은 신념을 위해 싸웠고 죽음에 이르렀던 그의 삶 때문이다. 우리는 얼마나 많은 불의를 보면서도 그 앞에서 고개를 돌리고 비겁해지는가? 부정과 부조리와 불평등 앞에서 우리는 나와 가족의 안위만을 위해서, 모른 체하고 비겁자가 되었다. 그런 세상에서 기득권층으로 태어나서 자신이 가진 것을 다 버리고 혁명(그것도 조국이 아니라 남의 나라의 혁명)에 몸을 던져서, 39세로 산화散花한 젊은이가 체 게바라다.

그리하여 그는 반항의 상징이 되었다. 분연하게 일어나고 용기를 낼 수 있는 행동하는 지성인의 이미지가 되었다. 열사烈士도 혁명가도 용기 있는 자도 사라진, 이토록 순하게 길들여진 사람들만이 살고 있는 양떼목장과 같은 지상에서 우리는 그를 그리워하는 것이다. 티셔츠 하나를 입더라도 그 정신을 알고 입어야 할 것이다. 이 땅에서 그가 세상을 떠난 지 어언 50년이 넘었지만, 사람들은 여전히 그런 인간을 그리워한다.

예수처럼 엄격했던 인간성

사르트르와 보부아르가 쿠바를 여행했을 때 체 게바라를 만난 적이 있었다. 세 사람은 몇 시간이나 즐겁게 대화를 주고 받았다. 체 게바라가 세상을 떠난 후에 사르트르는 그때를 회상하며 "그는 우리 시대의 가장 완벽한 인간이다"라고 말했다. 나는 이 '완벽한 인간'이라는 말을 강조하고 싶다. 완벽한 인간이란 무엇인가? 위대한 사상뿐 아니라 그에 부합하는 행동까지 실천하는 사람이 완벽한 인간이 아닐까? 간단하지만 쉬운 일이 아니다. 이 두 가지를 갖추기 위해 우리는 평생을 공부하고 단련하는 것이다. 나머지는 부수적인 것이다.

쿠바 혁명이 성공하고 체 게바라가 쿠바의 산업부 장관이 되었을 때, 미국 자본의 회사들을 국유화하는 개혁을 단행했다. 그때 그가 담배공장을 방문했는데, 공장 사장이 그의 혁명동지였다. 그는 이전의 미국 공장주가 버리고 간 재규어 스포츠카를 몰고 있었다. 그것을 본 체는 그에게 "자네, 뚜쟁이가 다 되었군"이라고 말했다. 그의 서슬에 사장은 놀라서 당장 반납하겠다고 말했다. 그러자 체는 "좋아. 두 시간 주지"라고 말했다.

체는 항상 낡고 평범한 차만 몰았다. 그는 평생을 소박하고 해진 옷을 입었다. 장관 시절에 그는 장관 월급을 거부하고 노동자 월급만큼만 수령했다. 그 공장 사장인 친구는 체를 이렇게 회고했다.

그는 참으로 엄격했습니다. 예수 그리스도만큼이나 말입니다.

체는 부에노스아이레스 의대를 졸업한 의사였다. 그러나 그는 의사 면허를 단 한 번도 자신의 부귀와 안락을 위해서 쓰지 않았다. 그는 의대생 시절부터 나환자촌을 찾아 그들을 어루만져주려고 했다. 카스트로가 쿠바혁명을 위한 결사대를 조

의대생 시절의 체 게바라

직했을 때, 체는 군의관으로 참여했다. 그는 지휘부 일원임에도 불구하고 자신이 전투병이 아닌 군의관이라는 이유로 가장 형편없는 무기를 골라 들었다. 그는 전투에서 적군의 병사도 머뭇거리지 않고 치료해주었다. 의사나 의대생들은 체 게바라가 의사라는 사실을 자랑스러워해야 한다.

병약한 아이의 체계적인 독서와 글쓰기

흔히 '체'라고 부르는 에르네스토 게바라Ernesto Guevara, 1928~1967는 아르헨티나의 중산층 가정에서 태어났다. 부모는 바스크와 아일랜드 혈통의 백인으로서, 가톨릭 사회인 아르헨티나

쿠바 혁명이 성공한 직후 아바나를 방문한 체 게바라의 부모님

에서 진보적이며 무신론적 사상을 가지고 있었다.

미숙아로 태어난 체는 어려서부터 심한 천식을 앓았다. 아홉 살까지 학교도 가지 못하여, 어머니에게 홈스쿨링을 받았다. 천식은 평생 그를 괴롭히는 장애였다. 특히 이동이 많이 힘들었지만, 체는 이것을 무릅쓰고 그렇게 많은 모험과 여행과 혁명에 나섰던 것이다.

체는 어렸을 때부터 독서를 좋아했고, 특히 철학서적들에 심취했다. 그는 초등학교 때부터 10여 년에 걸쳐 철학 지식을 스스로 정리하여 '철학사전'을 만들었다. 이 작업은 체의 지성뿐 아니라 문장력을 향상시켰고, 그가 나중에 저작들을 쓰게 되는 '글 솜씨'의 바탕이 된다.

그가 의대 졸업반 때에 친구와 함께 낡은 오토바이를 타고 남미대륙을 여행한 사실은 유명하다. 처음에는 나환자병원을 보고 싶다는 호기심으로 떠난 여행이었지만, 농촌과 광산촌에서 심각한 빈부격차와 노동착취를 보면서 조국 경제발전의 허상과 모순을 절감한다.

그리고 의사가 된 후에 또 한 번 남미대륙을 여행한다. 체의 여행기는 『오토바이 남미 여행일기』Diarios de motocicleta 로 나왔는데, 영화 「모터사이클 다이어리」로도 만들어졌다. 호기심과 모험심이 많던 의학도로서 여행을 떠난 체는 귀국할 때에 의식화된 지성인이 되어 있었다. 여행을 마친 체 게바라는 "나는 이제 이전의 내가 아니다"라고 말했다.

아르헨티나에서 친구들과 함께 오토바이를 살펴보는 체 게바라

보다 넓은 목표를 향하여

체는 의사가 된 이후로 한 번도 봉직이나 개업의 생활을 하지 않았다. 대신에 남미의 오지를 찾아갔다. 그는 서민들의 척박한 생활과 국가와 대기업의 착취 구조에 눈을 뜨고 세상의 개혁을 꿈꾸기 시작한다. 특히 아르헨티나에서 후안 페론의 독재가 장기화되자 그는 조국을 떠난다. 그는 볼리비아와 과테말라 등에서 혁명을 꾀한다.

그러다가 과테말라 정부가 체에 대해 체포령을 내리자, 그는 멕시코로 망명한다. 멕시코에서 체는 쿠바의 혁명가 피델 카스트로를 만난다. 쿠바의 바티스타 정권을 무너뜨리기 위해서 멕시코를 근거지로 하여 혁명을 준비하던 카스트로를 만난 체는 그와 뜻을 같이하여 카스트로가 결성한 반군叛軍에 참여한다. 체는 군사 훈련을 받고 군의관으로 임명된다.

여기서 우리는 '체는 아르헨티나 사람인데, 왜 쿠바 등 다른 나라의 혁명에 참여했는가?' 하는 의구심을 가질 수 있다. 라틴아메리카는 (유일하게 포르투갈의 식민지였던) 브라질을 제외하고는 모두 스페인 식민지였으며 다들 스페인어를 모국어로 사용한다. 스페인은 아메리카 대륙의 잉카나 마야 문명 등을 철저하게 파괴하여 식민지로 만들고, 각국의 문화나 토착어를 남겨놓지 않았다. 그러므로 멕시코 이남의 라틴아메리카 국가들은 스페인어라고 하는 단일 언어에 의한 공동의 문화로 묶여 있다. 그리고 그들은 모두 처음에는 스페인에 의해서, 20세기에는 미국의 기업에 의해 심각하게 수탈당했다. 그 지역은 광산물과 농산물을 미국이나 유럽으로 수출하지만, 이득은 미국의 자본가에게 돌아가고 그들은 미국의 공산품을 다시 비싸게 수입하여 소비하는 구조가 되었다. 이에 라틴아메리카의 여러 나라들은 서로 외국이라는 개념보다 같은 역사와 환경에서 희생되었다는 동류의식이 강하다.

그리고 스페인으로부터의 독립운동도 시몬 볼리바르나 호세 데 산마르틴 같은 혁명 지도자들에 의해서 이루어졌는데, 그들은 어느 특정 국가만 독립시킨 것이 아니라 자신의 발이 닿을 수 있는 라틴아메리카의 여러 국가에서 두루 독립운동을 벌였다. 그런 점에서 라틴아메리카의 역사적인 결속력은 유럽 공동체보다도 훨씬 강하며, 거의 같은 나라나 형제라는 의식이 깊어진 것이다.

뿐만 아니라 라틴아메리카의 지성인들은 강대국의 이해관계로 갈기갈기 나누어진 지도를 하나로 만들어야 한다는 사명의식을 지니고 있었다. 지금도 그들은 모두 국적에 관계없이 같은 스페인어로 네루다의 시를 읽으며 자라고 보르헤스의 소설을 읽으면서 꿈꾼다. 그런 의식을 가진 사람들의 문화 속에서 그것을 행동으로 실천한 자가 체 게바라였던 것이다. 그들은 라틴아메리카가 살아남는 길은 뭉치는 것이라고 생각했다. 그러므로 체는 볼리바르나 산마르틴처럼 모든 라틴아메리카에서 혁명을 일으켜야 한다고 꿈꾸었다.

쿠바 혁명의 중심에 서다

1956년 카스트로가 이끄는 82명의 결사대가 소형보트를 타고 쿠바에 상륙한다. 열악한 조건에서 겨우 12명만 살아남지만, 그들은 쿠바 국내에 있던 세력을 규합하여 부대를 정비한다. 처음에는 군의관으로 참전한 게바라였지만, 헌신적인 행동과 인품과 지성으로 그는 지도자로 부상했다. 그는 카스트로에

쿠바 혁명을 성공시킨 후 아바나에서 승리 축하 행진을 하고 있는
체 게바라(중앙)와 피델 카스트로(제일 왼쪽)

체 게바라와
피델 카스트로

의해 제2부대의 지휘관으로 임명된다. 혁명 지도자가 된 것이다. 이후로 체는 카스트로의 친구이자 측근이며 또한 카스트로 정부에서 뛰어난 지성인으로서, 대중 웅변가이자 외교관으로 활동하게 된다.

　1959년에 드디어 카스트로의 반군은 바티스타 정권을 내몰고 혁명정부를 수립한다. 카스트로의 신임을 얻은 체는 31세에 산업부장관으로 임명된다. 미국은 혁명이 성공한 쿠바에 무역제재를 내려 수출을 금지한다. 그러자 체는 쿠바에 있던 미국기업 166개를 국유화한다. 그리고 화폐개혁을 위해 체는 쿠바 국립은행의 총재도 겸하게 된다. 이때 새로운 화폐의 도안에 국립은행 총재인 체의 서명을 써넣어야 했다. 자본주의 화폐경제가 못마땅했던 그는 본명 대신에 그냥 '체che'라고 날림으로 서명했는데, 이것이 이름으로 굳어져버렸다. 지금도 쿠바의 지폐에는 체의 서명뿐 아니라 초상도 들어가 있다.

　아이젠하워 대통령이 쿠바와 단교하자, 쿠바는 설탕을 팔기 위해서 다른 교역국을 찾아야 했다. 체는 통상사절단 대표로 여러 나라들을 방문하는데, 유럽, 아프리카, 소련은 물론 중국과 북한도 방문하여 공산국가의 실태를 목격한다. 이때 체는 소련의 지도자들이 사치와 낭비를 일삼으며 인민과 동떨어진 호화생활을 하는 모습을 보고 큰 실망을 안고 돌아간다. 이에 역사가들은 "사회주의 혁명의 종주국 소련에서조차 체만큼 '훌륭한 사회주의적 인간'은 만들어내지 못했다"고 평가했다.

쿠바 혁명이 완수되자 체는 여행과 모험을 찾아다녔던 습관이 고개를 들었는지 아니면 쿠바정부에 회의가 들었는지, 1965년에 "쿠바에서는 일이 다 끝났다"라는 편지를 남기고 홀연히 사라진다. 쿠바에서의 시민권과 장관직을 모두 포기하고 없어진 것이다. 부인과 아이들까지 집에 두고 떠났다. 체는 다시 혁명에 투신할 곳을 찾았던 것이다. 체는 아프리카로 가서 콩고 혁명에 참여했으며 볼리비아에 가서 게릴라전을 지휘한다.

그러자 미국 CIA는 체를 제거하기 위한 작전을 계획했다. 쿠바가 불씨가 되어 라틴아메리카 국가들이 하나씩 공산화될 수 있었기 때문이다. 그렇게 되면 그들이 정치적으로 등을 돌리는 것일 뿐 아니라, 미국이 그 나라들로부터 거두어들이는 막대한 경제적 이득도 잃는 것이었다. 그리하여 미국은 라틴아메리카의 혁명 지도자들을 하나씩 제거하기로 한다.

결국 체는 1967년 볼리비아에서의 게릴라전에서 부상당하여 볼리비아 정부군에게 체포된다. 그리고 CIA 요원이 지켜보는 가운데 정부군은 체의 두 팔목을 자르고(혹시 살아남더라도 무용지물이 되게 하기 위해서) 이어서 총살한다. CIA는 체가 영웅이 아니라 일개 게릴라에 불과하다는 이미지를 부각시키기 위해서 사살당한 그의 사진을 언론에 공개한다. 그런데 체의 벗은 상체와 긴 머리카락과 특유의 얼굴이 마치 아메리카를 구하러 온 예수와 같은 모습으로 각인되고 말았다. 그들은

혁명이 성공한 이후에도 검소한 생활에 군복과 베레모를 즐겨 쓴 체 게바라

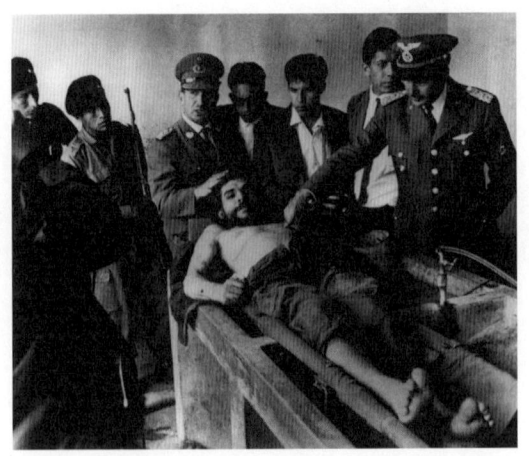

처형 다음 날 언론에 공개된 체 게바라의 시신

체와 함께 사살한 여섯 명의 시신을 표식도 없이 매장해버린다. 그리고 30년이 지난 1997년에 발굴 작업이 진행되어 두 팔목이 없는 시신이 발굴되었고 체의 시신으로 확인되었다. 시신은 이송되어 그의 제2의 조국 쿠바에 안장되었다.

혁명의 영원한 상징으로 남다

체는 39세의 나이로 죽었다. 체가 죽은 이후로 제국주의에 짓밟혔던 많은 식민지 국가들, 아메리카 대륙뿐만 아니라 특히 아시아와 아프리카의 독립운동가와 게릴라들은 전투를 시작할 때나 시위를 나설 때 체가 그려진 깃발을 높이 들었다. 이렇게 베레모를 쓴 체의 얼굴은 혁명의 상징이 되었다. 그들 모두가 이유는 다르지만, 거대 체제에 대항할 때에는 한 몸을 불살랐던 체를 떠올리며 깃발을 들었다.

아이러니하게도 그중에서 특히 체를 가장 미워했고 경계했으며 결국 그를 죽인 미국에서 체는 가장 유명해지고 영웅이 되었다. 베트남전에 반대하는 반전시위가 전국적으로 벌어질 때 참가자들은 일제히 베레모를 쓴 체의 얼굴이 그려진 티셔츠를 입고 나섰다.

지금도 그러하다. 체는 세계인의 티셔츠에서 세계인의 가슴팍에 살아 있다. 그렇게 체 게바라는 아직도 살아 있다.

게오르크 뷔히너
Karl Georg Büchner

두 가지의 길에서 모두 그토록 이타적인

유복한 가정에서 태어났지만 늘 소외된 계층을 따뜻한 시선으로 바라보았던 뷔히너는 의사이자 의대 교수로서 청운의 꿈을 펼쳐보려던 찰나에, 23세의 나이로 쓰러졌다. 그러나 그가 남긴 한 편의 희곡 『보이체크』로 그는 현대문학의 새 지평을 열고 독일 문학사에서 불멸의 명성을 얻었다.

망명자의 도시에서 만나는 한 의학자의 흔적

스위스 취리히는 가운데에 리마트 강이 흐르면서 도시를 동서 양편으로 나눈다. 스위스라면 흔히 떠올리는 은행이나 시계점이나 초콜릿 가게 등이 즐비한 서안西岸은 화려하고 관광객들로 북적이지만, 역사적인 도시 취리히의 깊은 매력은 한적한 동안東岸으로 가야 맛볼 수 있다. 그곳에는 명문 취리히 연방공대와 취리히 대학 등이 모여 있어, 젊은이와 예술가들이 많고 골목마다 많은 망명객과 학자들의 자취가 배어 있다.

특히 좁은 뒷골목에는 다다이즘이 발현한 카바레 볼테르가 아직도 남아 있다. 카바레 볼테르에서 비탈을 따라 언덕으로 이어지는 골목길인 슈피겔가세로 걸어가면 과거의 스위스를 만난다. 언덕을 걷다 보면 평범한 집 앞에 사람들이 모여 어떤 집의 현판을 손가락으로 가리키고 있다.

이곳이 레닌이 살던 집이다. 레닌은 슈피겔가세 14번지의 3층에 숨어 조국 혁명을 준비했다. 그는 여기서 중앙도서관까지 매일 걸어 다니면서 자신의 사상을 정리하고 집필했다. 그리고 러시아로 돌아가 혁명을 성공시켰으니, 이곳은 공산혁명의 성지인 셈이다.

그런데 바로 옆집인 12번지에도 현판이 하나 있는데, 거기에는 "1837년 2월 19일 여기서 게오르크 뷔히너가 사망했다"고 적혀 있다. 그 집에 관심을 갖는 사람은 정작 많지 않다. 하지만 뷔히너를 아는 사람이라면, 이 한 줄의 문장에 얼마나

왼쪽에서 두 번째 건물이 레닌이 살았던 곳이고,
그 오른쪽이 뷔히너가 삶의 마지막을 보낸 곳이다.

많은 아쉬움이 들어 있는지 하는, 울컥하는 감상이 밀려올 수 있다.

안타깝게 쓰러진 젊은 해부학 교수

1836년 9월에 23세의 젊은 의학자 뷔히너는 취리히 대학 의학부에서 '두개골 신경에 관하여'라는 최종 시범강의를 통과하여 박사학위를 받고, 11월부터 취리히 대학에서 해부학 강의를 맡게 된다. 그렇게 새 직장을 얻어 취리히로 이사한 뷔히너가 얻었던 방이 슈피겔가세 12번지였다.

이 집에서 대학까지는 골목을 따라서 걸어 다닐 수 있는 거리다. 뷔히너는 이 집에서 묵으면서 해부학 실습과 강의를 철저하게 준비하여 신경비교해부학 강의를 시작한다. 그러나 정작 가을학기가 시작되자 수강생이 적어서 그는 실망한다. 대신에 보다 훌륭한 교수가 되리라고 다짐한다. 그리고 그는 자신이 이미 쓰고 있던 원고를 꺼내 12번지에서 계속 집필하기 시작한다. 이것이 불세출의 문제작 『보이체크 Woyzeck』다.

그러나 한 학기가 지나고 겨울방학이 되자 뷔히너는 그만 병석에 눕고 만다. 장티푸스에 걸린 것인데, 강의준비를 위해 해부학 표본을 만들다가 감염된 것이 아닌가 하는 설이 있다. 이웃 아주머니가 이 젊은 교수를 간병했고, 멀리 스트라스부르에 있던 약혼녀도 취리히까지 달려왔다. 그러나 뷔히너는 봄학

취리히 대학

기를 맞지 못하고 며칠 만에 세상을 떠난다.

그는 비록 해부학자와 의사로서는 꽃도 피워보기 전에 죽었지만, 이미 써놓았던 희곡 세 편과 소설 한 편으로, 이후 20세기에 들어서야 세계 문학계를 뒤흔들게 된다. 지금도 독일에서 가장 권위 있는 문학상의 이름이 게오르크 뷔히너 상이다.

의사 집안에서 나고 자란 낭만과 열정의 문학도

카를 게오르크 뷔히너Karl Georg Büchner, 1813~1837는 1813년에 독일의 다름슈타트에서 가까운 고델라우Goddelau라는 마을에서 여섯 형제 중 장남으로 태어났다. 당시 이곳은 헤센 공국의 땅이었다. 뷔히너의 아버지는 의사였는데, 프랑스 혁명을 열렬히 지지하는 진취적인 인물이었다. 반면 어머니는 음악과 문학을 좋아하며 사랑이 넘치는 여성이었다.

뷔히너가 세 살 때에 가족은 아버지를 따라서 다름슈타트로 이사했다. 아버지는 그곳의 공의公醫가 되어 사회적 지위와 경제적 안정을 찾는다. 반면 다감한 어머니는 뷔히너에게 민요를 불러주고 독일 문학을 알려준다. 어린 뷔히너는 어머니를 통해서 괴테와 실러를 읽는다. 그는 김나지움에 진학하여 그리스 고전과 셰익스피어를 알게 되고, 나아가 독일 고전파와 낭만파의 작품들을 섭렵한다. 그렇게 뷔히너는 어머니를 통해서 고전문학의 세계와 아름다움을 접하고, 아버지를 통해서 프랑스 혁명의 열정과 정의감을 배운다.

김나지움을 졸업한 뷔히너는 문학이나 철학에 관심이 더 컸지만, 가업을 잇게 하려는 아버지의 희망을 따라 스트라스부르 대학 의학부에 입학한다. 그는 프랑스와 독일 사이에 있는 이 자유의 도시에서 낭만과 정열의 대학생활을 만끽한다. 그는 하숙하던 목사집 딸과 둘만의 약혼을 하기도 하고, 대학생 집회에서 연설을 하기도 한다. 그러나 허용된 외국유학 기간이 2년 만에 끝나서, 그는 독일의 기센 대학 의학부로 옮긴다.

스트라스부르 대학의 자유로운 풍토에 젖어 있던 뷔히너에게 기센 대학의 권위적이고 딱딱한 분위기는 적응하기 힘든 것이었다. 뷔히너는 학교와 헤센 공국의 전제적인 정책과 관행에 불만이 쌓였고 개혁의 필요성을 느낀다. 특히 스트라스부르에 비해서 기센 대학의 교수들은 자질도 떨어지고 인간적으로 실망스러운 사람들이 많았다. 나중에 뷔히너는 이 시절의 교수 한 명을 희곡 『보이체크』의 의사로 등장시켜 조롱하게 된다.

뷔히너는 기센 대학에서 학생활동의 중심인물이 된다. 그는 압제 당하던 농민을 지지하여 농민 봉기를 돕는가 하면, 1834년에 독일 최초로 사회주의 성향의 팸플릿 「헤센 급전急電」을 배포한다. 그 일로 급우 한 명은 체포되고, 뷔히너는 다름슈타트의 부모님 집에 숨는다. 이때 뷔히너는 프랑스 혁명의 지도자 당통을 다룬 희곡 『당통의 죽음 Dantons Tod』을 집필한다. 뷔히너는 문학 집필과 의학 공부를 양손에 쥐고 함께 진행한다. 데카르트와 스피노자를 연구하면서 동시에 물고기의 신경조직에 관한 논문을 쓰는 식이었다.

세상에서 억압받는 자들을 향한 이타적인 일생

뷔히너는 철저하게 사회적이고 이타적인 사람이었다. 역사상 많은 천재들이 좁은 연구실이나 혼자만의 서재에 갇혀 사회와 단절되거나 독선적인 성향을 가지는 데에 반해서, 뷔히너의 모든 행동은 사회적인 것이었으며 소외된 자를 향한 것이었고 결국 남을 위하고 궁극적으로 다 함께 가려고 한 것이었다.

더불어 뷔히너의 문학 작품들도 모두 세상의 가난하고 억압받는 자들에 대한 따뜻한 애정을 보여준다. 그는 작품에서나 실생활에서나 자신의 행복보다 다른 이들을 행복으로 이끄는 일에서 보람을 찾았다. 그의 의학적 연구도 인간을 연구하고 인류의 질병을 치료하고 삶을 개선시키기 위한 것이었다. 또한 그는 강의와 실습 준비에도 최선을 다했고, 항상 기대에 부풀어서 학생들을 맞았다.

뷔히너는 짧은 생애에 『당통의 죽음』과 『레옹스와 레나 Leonce und Lena』 그리고 미완성의 『보이체크』 등 세 편의 희곡과 소설 『렌츠Lenz』 한 편만을 남겼다. 적은 숫자지만, 23세라는 짧은 삶과 의학도이자 의대 교수였던 일과에 비추어보면 성실하고 열정적인 생산이 아닌가? 그러나 단 네 편으로 그는 죽은 이후이긴 하지만, 독일 문단에 폭풍을 일으킨다.

괴테와 실러로 대표되던 문단에서 뷔히너가 창작해낸 극 중 인물들은 충격적이었다. 괴테와 실러의 작품 속에 등장하는 인물들은 이상적인 인간이거나 아니면 적어도 이상을 지향하는 인간상이었다. 그런데 독일 낭만주의의 표상 중의 한 명인 바그너와 같은 해에 태어났음에도 뷔히너는 '결함을 가진 인물들'을 전면에 내세웠다.

결함이 있거나 사회 밑바닥의 인물을 주인공으로 만들고, 그간 문학에서 담기 어려웠던 욕설과 외설과 사투리를 사용하여, 유럽의 가면을 벗기고 적나라한 사회의 모습을 드러냈다. 그런 류의 인물을 내세워 충격을 준 메리메의 『카르멘』이 뷔히너보다도 20년이나 뒤인 1845년에 나왔으며, 에밀 졸라의 『나나』가 1880년에 출판되었다는 사실을 상기하면, 뷔히너가 얼마나 앞서 있었는지를 짐작할 수 있다.

뷔히너의 이른 죽음으로 그의 작품들도 잊힐 듯이 보였지만, 그가 세상을 떠나고 두 세대가 흐른 후부터 그의 작품은 봇물이 터지듯이 공연되기 시작했다. 1895년에 『레옹스와 레나』가 뮌헨에서 초연되고, 1902년에 베를린에서 『당통의 죽음』이 초연된다. 그리고 미완성이던 『보이체크』가 보완되어 뮌헨에서 초연된 것이 그의 탄생 100년이 되는 1913년이었다.

『보이체크』를 세계적으로 알린 것에는 오페라의 공로도 빠뜨릴 수 없다. 1925년 베를린 국립 오페라극장에서는 새 시대의 음악을 선도하는 알반 베르크Alban Berg, 1885~1935가 작곡한 오페라 〈보체크Wozzeck〉의 세계 초연이 거행되었다. 이 극장의 지휘자 에리히 클라이버Erich Kleiber, 1890~1956는 무조음악無調音樂으로 이루어져 연주가 아주 어려웠던 이 오페라의 리허설을 137회나 거행하며 성공을 거두었다.

이 작품은 20세기를 대표하는 오페라가 되었으며, 더불어 뷔히너의 원작 희곡에 대한 관심도 더욱 고조시켰다. 오페라를 만들 때 누구의 잘못인지 알 수는 없지만, 원작의 『보이체크

"Wozzeck", Oper von Alban Berg, Staatsoper, Berlin
Sigrid Johanson (Marie) und Leo Schützendorf (Wozzeck)

베를린 국립 오페라극장에서 오페라 〈보체크〉의 세계 초연 장면이 실린
당시 독일의 잡지

Woyzeck』에서 알파벳 하나를 잘못 써서 〈보체크Wozzeck〉로 발표했다. 하지만 덕분에 우리는 『보이체크』라고 쓰였으면 연극이나 희곡이고, 〈보체크〉는 오페라라고 쉽게 구별할 수 있게 되었다.

세상에서 버려진 가장 안타까운 보이체크

『보이체크』는 뷔히너의 사상을 보여주는 좋은 예다. 주인공 요한 크리스티안 보이체크Johann Christian Woyzeck, 1780~1824는 실존 인물인데, 그는 1821년에 함께 살던 애인을 죽인 살인죄로 체포되었다. 재판과정에서 보이체크는 정신이상의 징후를 보이고, 정신과 의사도 정신이상이 있다고 판정한다. 그럼에도 그는 사형을 선고받고 형은 바로 집행되어버린다. 이것이 유럽의 지성계와 언론을 들쑤셔놓았던 '보이체크 사건'이다. 신문과 학계에서는 연일 이 사건을 두고 인권 논쟁이 벌어졌으며, 사회에 큰 반향을 일으켰다. 이 사건을 신문으로 접한 뷔히너는 자신의 시각으로 『보이체크』를 집필했으니, 이 작품은 사회적 모순과 부조리에 대한 그의 보고서이자 사상서다.

보이체크는 가난한 병사다. 그는 매일 대위의 면도를 한다. 하지만 그것만으로는 아내와 아이를 부양할 수 없어서, 의사의 실험 대상이 된다. 인간을 당나귀로 변신시킨다면서 의사는 보이체크에게 매일 콩만 먹인다. 또한 보이체크는 숲에 가서 나뭇가지를 자르는데, 그것은 장교들의 지팡이가 된다.

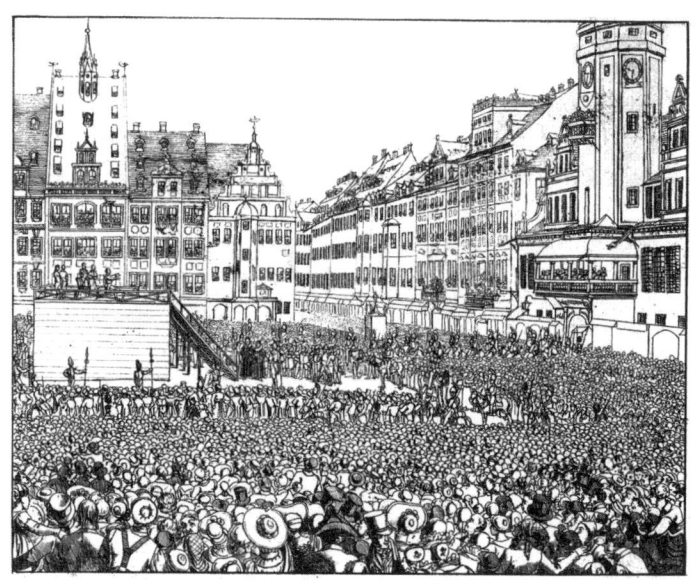

보이체크 사건 기사가 실린 신문의 삽화.
보이체크의 처형 장면.

이렇게 보이체크가 굴욕적으로 하루하루를 연명하는 동안에 아내 마리는 군악대장에게 추파를 던진다. 대위는 보이체크가 돈이 없어서 아이가 세례도 받지 못하게 된 일을 두고 도덕성이 없다고 비난한다. 의사는 보이체크가 길에서 소변을 보았다며, 자신을 조절하지 못하는 인간이라고 질책한다. 보이체크는 자신도 모르는 새 점점 지탄받는 사람이 되어간다. 결국 아내가 군악대장과 부정을 저질렀다는 것을 알자 그는 통제력을 잃는다. 보이체크는 마리와 연애하던 산책로에서 그녀를 찌른다.

『보이체크』는 다만 가난한 한 남자만의 이야기가 아니다. 전통 농업사회가 무너지고 근대 산업사회가 구축되는 19세기 유럽은 거대한 체제가 괴물처럼 빨리 움직이면서, 도태된 사람들을 가차 없이 희생시켰다. 그런 사회에서 경제적으로 육체적으로 정신적으로 착취당하면서 무너져가는 부속품 같은 하층下層의 인간을 그린 것이 『보이체크』다.

보이체크가 사랑하는 마리를 죽이는 장면은 압권인데, 그것은 사회에 그의 탈출구가 없음을 보여준다. 대위와 의사와 군악대장은 겉으로 도덕과 이상을 내세우지만, 민중을 착취하는 시민계급이다. 그래서 기득권인 대위, 의사, 군악대장 등은 이름으로 등장하지 않고 다만 그들의 신분으로만 불린다. 이런 직업이 반드시 사회적 존경을 보장하지만은 않았던 것이다. 뷔히너와 그의 아버지가 의사였다는 사실을 명심하자.

뷔히너는 그들의 군림과 학대가 개인적인 것이 아니라 사회적인 문제이며 계층적인 착취라는 것을 말한다. 보이체크는 착취당하는 기층민의 상징이다. 마리는 더욱 기회주의적이고 부도덕한 민중의 또 다른 모습이다. 마리는 자신도 하층 여성이면서 남편을 무시하고 배신하며, 상류층이 던져주는 부스러기를 핥아먹고 산다.

짧은 생애의 위대한 발걸음

뷔히너는 짧은 생에서 문단文壇에 정식으로 몸을 담은 적도 없었다. 그는 미완성작을 포함해서 겨우 네 편의 짧은 작품만을 남겼지만, 오늘날 독일 문단에서 그가 차지하는 비중은 엄청나다.

아버지의 엄격함과 어머니의 자상함 속에서 성장한 뷔히너는 아버지가 바란 의사의 길도 어머니가 보여준 문학가의 길도, 어느 하나도 버리지 않았다. 그는 두 가지 직업 속에서 바빴지만 아마도 그는 행복했을 것이다. 그는 늘 시간이 모자랐지

뷔히너는 취리히 크라우트가르텐 묘지에 묻혔다가 묘지가 폐쇄되면서 게르마니아슈트라세의 현재 자리로 옮겨졌다.

만 분명 가슴에 뜨거운 열망이 가득했을 삶을 살았을 것이다.

뷔히너는 사랑받는 아들이자 연인이면서, 혁명가이자 작가이자 의사였다. 그는 자신보다 못한 사람들을 먼저 생각한 지성인이었고, 학생들을 먼저 생각한 교수였다. 그의 짧은 일생을 돌이켜보면, 부모가 원하는 길을 가면서도 자신이 원하는 일도 다 이루었던, 이 사랑스러운 인간을 흠모하지 않을 수 없다.

프란츠 파농
Frantz Fanon

의학적 시각을 넓은 세상으로 확대한 선구자

프랑스 식민지 마르티니크에서 태어난 젊은 흑인 의사는 또 다른 식민지인 알제리에서 근무하며 그곳의 문제를 몸으로 겪는다. 그는 피식민지 문제는 피식민지인의 관점에서 해결해야 한다는 사상을 세운다. 알제리 독립운동에 투신한 그는 36세에 쓰러져, 알제리는 국장으로 장례를 치렀다.

흑인의 문제를 처음으로 주창한 흑인

파농은 지금도 살아 있는 현재의 의사다. 왜냐면 그가 살아서 외친 것들은 너무나 앞선 것들이었기에 그 사상은 이제야 받아들여지고 있으며, 특히 우리나라의 의료 현실에서는 지금도 그의 방안을 겨우 실행에 옮기고 있는 단계이기 때문이다.

임상에 임하는 의사들이나 의학자들이 파농을 이해하는 것은 우리 의학의 빠른 발전뿐만 아니라 올바른 발전을 위해서도 중요할 것이다.

지금 인종 문제를 얘기한다면, 다 아는 얘기라고 진부하게 여길지 모른다. 그러나 아직도 우리는 파농의 단계에 와 있지도 못하다. 무슨 말인가? 예를 들어, 지금 국내에서 취업하고 있는 중국 동포들의 차별 문제에 대해서는 누구나 인식하고 있다고 생각한다. 새터민(탈북민)의 문제도 개선되어야 한다고 생각한다. 국내에 있는 외국인 노동자의 문제점도 알고는 있다.

그러나 그것들은 다만 '우리'의 머릿속에 있는 것이다. 그들의 문제를 '우리'가 해결해주어야 한다고 생각하는 것이다. 그들이 스스로 해결하도록 지원해야 한다는 사실에 이르지 못한 사람이나 조직이 많다. 우리는 '그들은 자신의 문제를 해결할 능력이 없거나, 우리보다도 못하다'고 생각하는 것은 아닐까? 그래서 우리가 해야 한다고 생각하는 것은 아닐까?

그런 것은 우리의 오만일 수도 있으며 그들에 대한 또 하나의 차별일 수 있다. 이것은 마치 도시인들이 농촌의 문제를 해결해주겠다고 나서는 것이나, 아이들의 문제를 어른이 이해한다는 사고방식의 연장에 있을 수 있다.

인종차별의 문제를 유럽인이 아닌 흑인이 흑인의 입장에서 처음으로 제시하고, 피식민국가의 문제를 피식민국가의 국민으로서 처음 공론화한 사람의 한 명이 파농이다. 그는 흑인으로 태어났지만 프랑스 본토에서 의과대학을 졸업하고 의학박사 학위와 정신과 의사 자격을 취득한 프랑스 사람이자 프랑스 의사였다.

그는 프랑스에서 의사 자격을 갖춘 다음에 프랑스 식민지였던 알제리로 가서 알제리의 현실을 보고 알제리를 위해 자신을 바친다. 그는 알제리 독립을 위해 투신하고, 알제리 독립을 8개월 앞두고 36세의 짧지만 불같은 생애를 마감했다. 프랑스인이었던 그의 장례는 조국 프랑스가 아니라 그를 국가의 은인으로 여겼던 알제리에서 국장으로 치러졌다.

검은 아이에서 의식 있는 의사로

프란츠 파농Frantz Fanon, 1925~1961은 카리브해에 있는 서인도 제도의 일부인 프랑스령領 마르티니크에서 태어났다. 아버지는

알제리 민족해방전선 활동 시절의 파농

흑인이었으며, 어머니는 백인과 흑인 사이의 혼혈이었다. 그러니 파농은 4분의 3이 흑인인 셈인데, 한 인격을 소개하면서 지금도 이렇게 피부색부터 장황하게 설명해야 하는 인류의 현실이 안타깝다. 하지만 당시 서인도제도에서는 혼혈의 정도가 사회등급이기도 했다. 즉 4분의 3 흑인은 2분의 1 흑인보다도 사회적 대우가 낮았던 것이다. 피부에 흰 물감이 좀 덜 섞였다는 이유로.

파농의 아버지는 흑인이지만 세무공무원으로서 성실한 직장인이었다. 그래서 가정은 따뜻하고 유복한 편이었다. 파농은 어머니로부터 절대적인 사랑을 받으며 자라났다. 어려서 그는 예민하고 까다로운 아이였다. 제2차 세계대전이 발발하자 파농은 18세에 프랑스 군대에 자원입대했다. 그런데 그는 같은 프랑스 부대에서도 유럽 출신과 아프리카 출신이 서로 다른 모양의 모자를 쓰는 것을 보고 충격을 받았다.

제대 후에 그는 리옹 대학 의학부에 입학했다. 처음으로 프랑스 본토 생활이 시작되었다. 파농은 대학 시절에 의학 공부도 열심히 했지만, 문학과 철학에도 관심이 높아서 문학부에도 등록을 하고 철학 강의도 들었다. 그는 대학 때에 많은 철학 서적을 읽었다. 그가 가장 탐독한 서적은 크게 세 종류로서, 사르트르로 대표되는 철학 서적, 프로이트와 라캉을 중심으로 한 정신분석학 서적들, 그리고 많은 시집들이었다. 그런 독서로 그는 자연스럽게 정신의학 분야에 관심을 가지게 되었다.

흑인이 바라본 흑인 문제

의대 졸업반 때 파농은 졸업논문을 제출하는데, 내용이 파격적이어서 소동이 일어난다. 그것이 나중에 그의 명저 『검은 피부, 하얀 가면 Peau Noire, Masques Blancs』의 초고礎稿가 된다. 논문은 그가 의대 시절부터 세상을 향해 독창적 시각을 가지고 많은 고민을 했음을 보여준다. 그는 정신의학이 개인의 장애를 치료하는 것으로 그치는 것이 아니라 "억압된 주체들을 구체적으로 해방시키는 데에 기여할 수 있다"고 주장하며, 정신의학의 범위를 개인을 넘어 사회와 조직과 인종 등으로 넓히는 선구적인 생각을 보여주었다.

결국 파농은 학교의 압력으로 논문을 정신장애에 국한하는 것으로 수정하여 통과하고 정신과 의사가 된다. 파농은 마르티니크의 병원에 자리가 생기자 고향으로 내려가 근무하게 된다. 그 병원에서 토스켈 박사 밑에서 공부했는데, 스페인 출신인 토스켈 박사는 프랑코의 독재에 반대하여 마르티니크로 이주한 의식 있는 의사였다. 파농은 그의 의식에 영향을 받으면서 임상에 임하고 이론을 탐구한다.

파농의 연구는 점점 프랑스와 식민사회가 가지고 있는 문제로 확대되게 된다. 당시까지 흑인 문제에 대한 인식이 존재하기는 했지만, 그것은 백인 학자들의 입을 통한 것이었다. 그런데 처음으로 흑인이 정신의학자이자 정신분석학자가 되어 흑인문제를 설명하기 시작했다.

무엇보다도 파농의 사상이 앞선 점은 흑인문제에 대해 백인을 나무라는 것이 아니라는 점이다. 그는 저서 『검은 피부, 하얀 가면』에서 "흑인인 나에게는 내 인종에 대한 백인들의 죄의식이 생겨나기를 바랄 권리가 없다. 여기에는 흑인의 사명도 없고 백인의 책임도 없다. 흑인은 존재하지 않는다"라고 말한다. 그는 마지막에서 "오, 나의 육체여, 나로 하여금 항상 질문을 던지는 사람이 되게 하소서"라고 기도하듯이 외친다. 이것은 몸과 몸이 부딪쳐서 얻어진 말이라는 뜻이며, 이 한 문장으로 우리는 그의 사상의 독창성과 선구적인 위대함을 모두 느낄 수 있다.

　파농은 이미 위대한 사상가였지만, 당시의 기득권은 그를 받아들이지 않았다. 프랑스 우파는 그의 책을 인종적인 증오를 이용한 선동으로 받아들이고 그를 아예 정신병리적으로 문제가 있는 환자로 쏘아붙였다. 반면 프랑스 좌파는 평등과 박애의 원리만 내세우면서 파농의 문제 제기를 아예 받아들이지 않았다. 프랑스는 이미 흑인을 국민이자 인간으로 받아들였다는 것이 그들의 논리였다. 그러니 파농이 인종차별에 실존주의를 도입한 것은 시대착오적이며 위험한 사고라고 비판했다. 그러나 나중에 『검은 피부, 하얀 가면』은 식민주의 문제를 정신의학적 관점에서 접근한 선구적인 저술로 평가된다.

알제리에서 접한 식민지의 실상

1953년에 파농은 근무지를 아프리카로 옮긴다. 알제리의 주앙빌에 있는 정신병원에서 근무하게 되는 것이다. 알제리는 1830년부터 프랑스의 식민지로서, 어쩌면 당시 프랑스 본토의 몇몇 지역보다 더 이전부터 프랑스였던 땅이었다. 또한 알제리는 아프리카에서 유럽인들이 가장 많이 이주한 지역이기도 했다. 심지어 알제리인들은 프랑스인들보다도 자신들이 더욱 프랑스적이며, 자신들을 당연히 프랑스 사람이라고 여겼다. 그러나 막상 알제리에 가본 파농은 심각한 차별이 만연한 것에 경악한다.

알제리 주앙빌 정신병원 의사 시절의 파농.
뒷줄 가운데가 파농이다.

1950년대까지만 하여도 인종차별은 유럽사회 전체의 당연한 문화였다. 즉 유럽인들의 관용이나 포용은 간단히 말해서 '무슬림은 우리와 같지 않다. 그럼에도 우리는 그들을 좋아하고 잘 대해준다'라는 식이었다. 안타깝게도 그들은 '무슬림은 우리와 다르지 않다. 인간은 모두가 같다'라는 의식은 할 수 없는 단계였다. 그럼에도 유럽인들은 양심의 불편함을 느끼지 못하고, 자신들이 베푼다고 여기고 있었다. 이것이 알제리의 문제였으며, 나아가 당시 세계 모든 식민지들의 공통된 문화였다.

  심지어 1952년에 출간된 정신과 교과서인 『정신의학입문』에 "아프리카인들은 유럽 문명의 진보를 향유할 능력이 없으며, 그것을 그들에게 허용하려는 시도는 그들에게 혼란만 가져다줄 뿐이다"라는 말이 버젓이 실려 있었다.

  알제리의 현실에 파농은 충격을 받고, 환자를 보는 것만으로는 세상을 개선할 수 없다는 생각에 이른다. 그는 "의사라면 모든 진료를 사회적 요법에 접목시켜야만 성과를 거둘 수 있다"고 판단하고, 특히 "정신의학은 정치적인 것이 되어야만 한다"고 결론짓는다.

  그는 「앤틸리스제도 사람들과 아프리카인들 Antillais et Africains」과 「인종차별주의와 문화 Racisme et culture」 등의 기고문을 써서 자신의 사상을 세상에 내놓는다. 이런 파농의 사상에 유럽인들이

튀니지 한 회견장에서 파농

모두 반기를 든 것은 아니었다. 백인들 중에서도 선각자들은 파농의 글을 높이 평가했으며 그를 지원하는 사람들도 생겼다. 특히 밀라노의 세계적인 타이어 회사 가문인 피렐리의 후계자 조반니 피렐리는 파농에게 큰 감명을 받는다. 그리하여 그는 피렐리의 후계자 자리를 포기하고, 이탈리아에서 양심적 문화 운동을 일으키기도 한다.

알제리 독립운동에 투신하다

알제리에도 변화가 일어난다. 1954년에 알제리의 독립운동가들은 알제리 민족해방전선을 결성하고, 프랑스를 상대로 독립전쟁을 일으켰다. 이것은 영국에서 인도가 독립하는 것 이상으로 프랑스에게 중요한 문제였다. 프랑스는 절대로 알제리를 내줄 수 없었다. 프랑스는 50만 병력을 동원하여 알제리 독립군과 싸웠다. 프랑스는 육해공군을 총동원하고 하루 20억 프랑의 전비戰費를 퍼부었지만, 결국 그들을 진압하지 못한다. 내각은 몇 번이나 사퇴하고, 제4공화국이 붕괴되기에 이른다.

알제리 독립전쟁은 파농의 인생을 바꾼다. 그는 알제리의 독립만이 알제리의 정치뿐 아니라 알제리 사람들의 인간적인 삶을 가능하게 할 수 있다는 신념으로 민족해방전선을 지원한다. 그는 자신의 병원으로 피신한 독립운동가들을 숨겨주면서 독립전쟁에 가담하게 된다.

1957년부터 파농은 완전히 병원을 그만두고 가운을 벗어던진다. 혁명에 투신하기로 한 파농은 민족해방전선 기관지에 기고하는 등 펜을 든다. 결국 파농은 민족해방전선의 대변인에 임명되었으며, 아프리카나 라틴아메리카의 다른 국가들의 독립 문제에도 목소리를 높였다. 파농은 알제리 임시혁명정부에 의해 가나 대사로 임명되기에 이른다.

　　그러나 1961년에 파농은 쓰러지고 백혈병 진단을 받는다. 주변 사람들은 그에게 미국에 가서 치료받기를 권유한다. 그러나 파농에게 미국은 신식민주의의 상징이며 흑인 문제에서 가장 나쁜 국가였다. 파농은 미국에 가기를 원치 않았으며, 미국에서 죽기는 더욱 싫었다. 그러나 주위의 설득으로 파농은 침대에 누운 채로 미국행 비행기로 옮겨졌다. 로마 공항에서 환승할 때에 사르트르 부부가 공항까지 찾아와서 그를 환송했다. 하지만 미국에 도착한 파농은 병원에서 숨을 거두고 말았다.

　　그의 유해는 다시 알제리로 돌아왔다. 미국에 묻히기 싫다는 소망 한 가지는 이루어진 셈이다. 그는 프랑스인임에도 불구하고 장례는 알제리의 국장으로 치러졌다. 그리고 그가 세상을 떠난 다음 해인 1962년에 알제리는 독립을 선포하고 드디어 독립국이 되었다.

그가 우리에게 던져준 숙제들

파농의 생애는 짧았지만, 그는 중요한 저작들을 남겼고 사람들의 의식에 많은 영향을 끼쳤다. 그의 책들은 직접적으로는 알제리 독립을 향한 것이었지만, 멀리는 피식민 국가들의 독립에 인류학적이고 심리학적인 당위성을 세워주었다. 그리고 더욱 멀리는 인간에 대한 소외와 불평등의 문제에서 새로운 시각을 보여주었다.

파농의 사후에 그의 저작들은 미국에 전파되어 맬컴 엑스의 흑인인권운동에 지대한 영향을 끼쳤다. 또한 일본에서도 베트남전을 반대하는 학생운동의 사상적 배경이 되는 등, 제3세계에서 유럽과 미국의 제국주의를 비판하는 데에 파농의 사상은 크게 인용되었다.

그리고 세계의 정신병원을 비롯한 각종 병원이나 수용시설에서 환자를 감금하거나 학대하고 소외시키는 것에 대해 가장 먼저 문제를 제기한 의사도 파농이다. 지금도 우리 주변의 정신병원, 노인병원, 장애인센터에서 성행하는 무신경한 수용 실태들은 이미 파농이 지적하고 경고했던 것들이다. 우리나라 다문화 가정의 문제들도 이미 그가 간파한 것들이다.

우리가 파농의 관점으로 그러한 문제들을 바라볼 때 비록 생산성이나 효율성이 나아지지 않는다고 하더라도, 인류애의 입장에서 우리는 보다 올바른 해결책을 찾을 수 있다고 본다.

튀니지에서 알제리로 국장을 치르기 위해 파농의 시신을 군인들이 옮기고 있다.

이제 중요한 것은 전체의 효율이 아니라 개인의 존엄이다.

파농은 죽어서 몸은 이국 알제리 땅에 묻혀 있지만, 그의 사상은 도리어 세상의 곳곳에서 살아나고 있다.

마리아 몬테소리
Maria Tecla Artemisia Montessori

의학을 넘어 새로운 교육을 창안하다

몬테소리 교육법을 개발한 마리아 몬테소리는 이탈리아 최초의 여의사였다. 그녀는 여성이 의사가 될 수 없던 시대에 유리벽들을 차례로 깨어가면서 의사가 되었다. 그리고 의료만으로 돌볼 수 없는 아이들이 있다는 것을 느끼고, 다시 교육학을 공부하여 선구적인 교육자가 된다.

세계의 동네 골목을 점령한 몬테소리

동네를 걷다 보면 '몬테소리'라고 쓰인 간판을 심심치 않게 보게 된다. 건물의 유리창에도 있고, 아파트의 상가에도 보인다. 몬테소리라는 말은 유치원, 유아원, 어린이집에 붙어 있다. 처음에 나는 무슨 '소리聲'를 말하는 것인 줄 알았다. 몬테소리는 세계에서 가장 유명하고 가장 중요한 유아교육의 방법과 제도를 일컫는 말이다.

사실 몬테소리라는 이름을 굳이 붙이지 않아도 지금 유치원이나 초등학교에서 사용하는 거의 모든 교육방법은 '몬테소리적'인 것들이다. 엄마가 아이와 블록이나 공을 가지고 노는 것이나 할아버지가 손주와 숫자나 영어카드를 가지고 노는 것도 몬테소리적 방식이다. 이렇듯 몬테소리적 교육은 우리 주변에 깊이 들어와 있으며 세계 각국에서 당연하게 여기고 있다.

하지만 처음 몬테소리의 교육법이 나왔을 때 그것은 충격이었다. 그것은 교육의 범주를 넘어서 사회를 향한 파장이었다. 사람을 바라보는 인간의 의식에 대한 개혁이었으며, 정치와 행정의 원칙과 제도마저 새롭게 바꾸는 것이었다.

이렇게 20세기 교육에 혁명의 바람을 일으킨 몬테소리는 이탈리아의 여의사였다. 그녀는 여자는 의사가 될 수 없었던 시대에 태어나서, 숱한 역경을 헤치고 이탈리아 최초로 여의사가 된 인물이다. 그리고 그녀는 장애아동을 치료하다가, 한두

유로화 도입 전
이탈리아 1,000리라 지폐에 실린
몬테소리 초상과 몬테소리 교육법 그림

명의 아이를 고쳐서 해결될 문제가 아니라, 나라의 교육을 바꾸어야 한다는 생각에 이르렀다. 그것은 그녀로 하여금 임상을 넘어서게 했고, 그녀는 가운을 벗고 평생을 교육가이자 개혁자로 살았다.

여자는 의사가 될 수 없던 시기에

마리아 몬테소리Maria Tecla Artemisia Montessori, 1870~1952는 이탈리아의 안코나 외곽의 키아라발레Chiaravalle라는 작은 마을에서 젊은 부부의 무남독녀로 태어났다. 사무직이었던 아버지가 직장을 로마로 옮겨, 마리아도 로마에서 성장하게 된다.

마리아는 학교에서 아주 우수한 성적을 보였다. 아버지는 딸이 당시 여성으로서 존경받는 교사가 되어주기를 희망했다. 그러나 마리아가 원한 것은 의사였다. 아버지는 완강히 반대했지만, 어머니는 마리아를 지지해주었다. 나중에 마리아가 여러 난관을 겪을 때마다 그녀를 응원해준 사람은 어머니였으며, 어머니는 그녀의 평생에 걸친 버팀목이었다.

마리아는 로마 대학 자연과학부를 우등으로 마치고, 의학부에 지원한다. 그런데 당시에 여성은 의대에 들어갈 수 없었다. 그녀가 어떻게 금녀의 문을 뚫고 들어갔는지는 명확하지 않다. 대신에 그녀가 남학생들 사이에서 힘들게 공부한 이야기는 유명하다. 여성인 그녀는 남학생들과 함께 시체해부를 할 수 없었다. 그래서 남학생들이 하교한 저녁에 해부실험실에 들어가서, 램프로 시체를 비춰가면서 해부를 했다고 한다. 이런 난관 속에서 마리아는 최우등으로 졸업하고, 이탈리아 최초의 여의사가 되었다.

의사를 넘어서 교육의 영역으로

의사가 된 마리아는 소아과와 정신과 수련을 하고, 정신병동에 취직했다. 특히 소아 정신병동에는 그녀가 보기에 정신병이라기보다 정신지체나 발달장애로 볼 수 있는 아이들이 많았다. 마리아는 그곳 아이들을 대하면서 의학만으로 그들을 돕는 데에는 한계가 있다는 생각에 이르게 된다.

의대를 졸업할 때의 마리아 몬테소리

한번은 그녀가 응급실에서 근무할 때, 가난한 집에서 죽어가는 쌍둥이 때문에 왕진을 나가게 된 적이 있었다. 그 집에 들어간 마리아는 먼저 아이들의 엄마를 재우고, 집에 불을 지피고, 물을 데우고, 음식을 만들었다. 불려간 사람은 의사 한 명이었지만, 그녀는 보모이자 하녀이자 간병인이자 요리사이자 간호사이자 의사의 역할을 혼자서 다했다. 마리아는 그런 사람이었다. 마리아는 아이들의 정신적 문제는 의학을 넘어 교육적 문제라고 생각했다.

그래서 마리아는 혼자 공부하기 시작했다. 그녀는 문헌을 찾아 연구하고, 유럽의 학회들을 찾아다니고, 권위 있는 의사와 학자들을 만났다. 그녀는 여러 국제회의에 열성적으로 참가했고, 26세의 젊은 나이에 국제여성회의에서 이탈리아 대표가 되었다.

마리아는 평생 개업의였다. 그녀는 로마에 의원을 개업했으며, 그곳에서 환자를 진료하는 것이 생업이었다. 그러면서 책과 논문을 집필하고, 교육과 강연과 학회에 참가했다.

마리아의 관심은 의학을 넘어 교육의 영역으로 넘어가고, 장애아를 넘어 일반 아동의 교육으로 확대되었다. 그는 아동의 환경을 개선하고 사회를 개혁하기 위해 교육적 접근이 강화되어야 한다고 생각했다. 그리하여 의원을 하면서 로마 대학에 다시 입학했다. 그녀는 교육학과 심리학 학위를 취득하고, 로마 대학의 교수로 임용된다.

어린이집이 탄생하다

1906년에 로마 산로렌초 지역에 임대주택단지가 세워진다. 건설회사는 미취학 아동을 위한 보육시설을 짓기로 하여, 프로젝트를 마리아에게 맡긴다. 마리아는 자신의 교육방식을 현장에서 시험할 기회로 여겨 일을 맡는데, 이것이 '몬테소리 교육'의 시작이다.

우리는 아동 보육시설을 '어린이집'이라고 부른다. 이 이름을 처음 지은 사람도 몬테소리였다. 그녀는 3세에서 6세 사이의 어린이 60여 명을 위해서 기존 이름들을 버리고 새 이름을 지었으니, '카사 데이 밤비니Casa dei Bambini' 즉 '어린이집'이다.

로마의 카사 데이 밤비니.
왼쪽은 개관 때의 모습이고 오른쪽은 최근의 모습.

그녀가 붙인 '카사' 즉 집이라는 말은 다만 건물만이 아니라, 사랑으로 가득한 가정을 뜻하는 것이었다.

마리아의 목표는 아이들이 잘 놀고 자라는 것만이 아니었다. 일하러 다니는 이탈리아의 어머니들이 가책을 느끼지 않도록 하는 것도 그녀의 목표였다. 즉 그녀는 아동혁명과 동시에 여성혁명도 꾀한 것이다. 엄마들이 양육의 부담만이 아니라 엄마의 의무를 다하지 못한다는 죄책감에서 벗어나, 일하면서 사회에 당당하게 기여하고 보다 나은 개인이 될 수 있는 환경을 마련한 것이다.

이런 획기적인 사상으로 어린이집을 연 몬테소리에게는 엄격한 원칙이 있었다. 어린이집은 아이들과 가족이 살고 있는 같은 건물(이나 단지)에 자리하여야 하고, 교사들도 같은 건물에 살아야 한다. 그렇게 상호 간에 지속적인 정보 교환이 이루어져야 하고, 아이들은 보육시설에 내동댕이쳐지는 것이 아니라 가정의 연장선상에 있게 되는 것이다.

그리고 다음의 원칙에 찬성하는 부모의 아이만 받았다. 첫째, 부모가 정시에 아이를 직접 데려와야 한다. 둘째, 아이의 몸을 깨끗이 씻기고, 단정하게 입히고, 앞치마도 입혀야 한다. 셋째, 부모는 교사에게 예의 바르게 대하며 협조를 다해야 한다. 어머니는 일주일에 한 번 이상 교사와 만나야 한다……. 아이의 인권에 대한 인식도 제대로 없던 시절에 나온 획기적인 내용이었다.

1907년에 어린이집이 문을 열자 명성은 높아져갔다. 머지않아 두 번째 어린이집이 생겼다. 처음의 두 어린이집은 건설회사의 문제로 2년 만에 문을 닫지만, 그녀가 씨를 뿌린 어린이 교육은 이미 유명해졌다. 몬테소리의 방식을 따르는 어린이집이 이탈리아 전역에 늘어났고, 1909년에는 스위스에도 생겼다. 그렇게 어린이집은 전 유럽으로 퍼져나갔다. 이어 몬테소리는 교사의 공급을 위해 교사 양성 기관도 세우게 된다.

몬테소리 교육법의 확립과 확산

몬테소리 교육은 여러 가지로 혁신적인 것이다. 흔히 도구를 사용하면 다 몬테소리 교육이라고 여기기도 하지만, 원칙은 다른 데에 있다. 그때까지 교육이란 모두 주입식이며 오직 외우는 것만이 교육이었던 것을 상기하면 놀라운 방식이었다.

몬테소리는 정신병동의 아이들이 먹다 남은 빵부스러기를 가지고 노는 것을 보고 놀이 방법을 고안했다. 지체장애 아이들도 장난감 같은 것에는 반응을 보이는 데에 착안하여, 모양과 크기와 색깔이 다양한 도구들, 즉, 카드, 블록, 구슬 등을 사용하는 것이다. 그것들은 아이들에게 흥미를 일으키고 관심을 갖게 한다. 그리하여 아이들은 훈육이 없어도 스스로 교정하고 훈련되어 가는 것이다. 어른은 가급적 개입하지 않고 아이들이 노는 것을 바라만 본다. 그러면 아이들은 자신이 목표를 정하

몬테소리 교육법으로 아이들을 교육하는 모습

카사 데이 밤비니에서의 만년의 몬테소리

고 어른의 생각 이상으로 끈기 있게 목표를 향해 간다는 것이다. 몬테소리의 이론으로는, 아이들은 쉽게 교사의 도움을 바라지 않고 스스로 해나가는 '과정'을 더 좋아한다. 이렇게 자율성이 길러지고 독립적이 되는데, 이것이 몬테소리 교육의 원칙이다.

어린이집의 성공으로 마리아에게도 변화가 일어났다. 그녀는 너무 바빠져서 로마 대학의 교수직을 사임하고 의원도 문을 닫아야 했다. 그는 사회활동가가 되었다. 자신의 교육법을 책으로 출간하고, 외국을 다니며 강연했다. 그녀는 유럽에서 가장 인기 있는 강사였다.

그러면서 그녀의 추종자 그룹도 생겼다. 제자처럼 그녀를 따르면서 모시고 배우는 사람들로, 이들은 주로 여성들이었다. 물론 마리아를 마치 톨스토이나 간디처럼 떠받드는 단점도 있었다. 하지만 마리아는 그들과 모녀 같은 관계를 맺었다. 마리아가 가르치고 키운 그들은 딸들이 결혼하듯이 그녀의 품을 떠났다. 그들은 세계 각지로 나가서 곳곳에 어린이집을 세웠다.

제1차 세계대전이 발발하자 1915년에 마리아는 거처를 스페인의 바르셀로나로 옮긴다. 그리고 세계에 퍼진 그녀의 교육법을 일관되게 관리하기 위해서 국제몬테소리협회가 설립된다. 1922년에 몬테소리는 무솔리니의 요청으로 이탈리아의 교육부장관이 되었고, 몬테소리 교육법은 정권의 지원을 받는다. 그러나 정부와 부딪히면서 몬테소리는 1934년에 이탈리아의 모든 공직을 사임하고 조국을 떠나 바르셀로나에 정착했다.

하지만 스페인 내전이 터져서, 마리아는 다시 바르셀로나를 떠나게 된다. 그녀의 제자 중의 한 사람이자 네덜란드의 부유한 여성인 안나 피어슨Anna Pierson의 권유로 마리아는 몬테소리 교육의 본부를 암스테르담으로 옮긴다.

몬테소리 교육법은 1910년대에 이미 세계의 주요 국가에 소개되었으며, 그녀의 책들은 여러 나라의 말로 번역되었다. 이웃나라 일본에 몬테소리 교육이 들어온 것은 1935년이었다. 그런데 이런 몬테소리 교육이 우리나라에는 일본이 아니라 미국을 거쳐 들어왔다. 그러면서 국내에는 마치 아이를 영재로 만드는 기적적인 조기교육인 양 소개되기도 했는데, 이것은 몬테소리 교육에 대한 명백한 왜곡이다.

내 주변에도 "어렸을 때 우리 집에 돈이 없어 몬테소리에 들어가지 못했다"고 회상하는 분들이 있다. 훌륭한 사상과 제도가 우리나라 사교육의 상술과 결합하면서 얼마나 변질되었는지를 알 수 있다. 몬테소리는 돈이 드는 것도 아니고 간단한 도구만 있으면 되는 것이며, 나아가 그것은 도구 이상으로 정신을 이해하고 방법을 적용하는 것이 더 중요한 것이다.

평생 독신으로 살았던 일생

몬테소리는 크게 성공하면서 여러 스캔들로 공격을 당하기도 했다. 그중에서 핵심은 그녀가 미혼모라는 사실이며 더한 것은 그녀가 아들을 버렸다는 것이다. 어린이 교육을 부르짖는 전문가가 자신의 경력을 위해 아이를 버렸다는 소문이니, 실로 큰 충격이었다.

마리아는 1893년 젊은 의사 시절에 동료 의사와 사랑을 했다. 그러나 남자 집에서는 여자가 의사라는 이유로 결혼을 반대하고, 두 사람은 결혼하지 않고 아들을 출산한다. 미혼모와 사생아에 대한 가톨릭의 차별이 극심했던 시절에 두 사람은 아이의 출산을 숨긴다. 마리아의 집에서 아이를 시골로 보내 유모가 키웠고, 그녀는 의사로서의 경력을 이어갔다.

둘은 결혼하지 않았지만, 대신에 평생 다른 누구와도 결혼하지 않기로 약속했다. 그러나 남자는 나중에 약속을 어기고 결혼했고, 마리아는 평생 결혼을 하지 않고 혼자 살았다. 나중에 마리아는 아들을 자신에게 입적入籍하고, 파격적으로 자신의 성과 이름을 따서 마리오 몬테소리라고 이름 짓는다. 이런 문제가 알려져서 마리아는 사회적으로 공격당하고 상처를 받았다. 그러나 마리아가 과연 아들을 버린 것이었을까?

마리오 몬테소리는 십대가 되어 어머니와 재회한다. 그는 어머니를 원망했을까? 마리아가 늙자, 마리오는 어머니에게 돌

아들 마리오 몬테소리와 그의 아내 안나 피어슨

아와서 그녀의 곁을 지켰다. 마리오는 어머니의 비서가 되어 그녀의 조력가가 된다. 그리고 마리오는 어머니를 딸처럼 따랐던 안나 피어슨과 결혼했다. 마리아의 며느리가 된 안나는 마리아가 세상을 떠날 때까지 한집에서 살았다. 암스테르담에서 살던 마리아는 해변도시 노르드비크로 휴가를 떠났다가 뇌출혈로 세상을 떠나서 그곳에 묻혔다.

마리아 몬테소리는 시대를 앞서간 의사이자 교육자였다. 100년 전에 그녀는 세상에서 가장 무심하고 무지한 영역에 놓여 있었던 아동과 여성의 문제를 몇 세대나 앞당겨 놓았다.

미하일 불가코프
Михаи́л Афана́сьевич Булга́ков

출판되지 않을 책을 마지막 순간까지 쓴 남자

시골 의사 불가코프는 볼셰비키 혁명기와 스탈린 치하에서 겪은 일들을 소설로 썼다. 스탈린의 분노를 산 그는 출판과 상연을 금지 당한다. 그럼에도 그는 죽는 날까지 결코 출판되지 않을 소설을 쓴다. 그가 죽고 50년이 지나서 소설은 세상에 나오고, 그는 20세기 최고의 소설가로 평가받는다.

어둠과 절망 속에서 평생에 걸쳐 쓴 걸작 소설

1966년 소련의 월간지 『모스크바』 11월 호는 26년 전에 세상을 떠난 무명작가의 소설을 실었다. 그것도 300페이지가 넘는 방대한 제1부의 전체를 실었으니, 정말 예외적인 일이었다. 그리고 그로부터 23년이 지난 1989년이 되어서야 그 소설의 전체가 삭제되지 않고 세상에 나왔다. 소설은 센세이션을 일으켰다. 이 소설 한 편이 단번에 러시아 문학사를 바꾸었다. 이 작품은 20세기 러시아 문학을 통틀어서 가장 뛰어난 장편소설로 손꼽힌다.

소설 『거장과 마르가리타 Мастер и Маргарита』는 다른 두 시대에 두 지역에서 일어난 두 이야기가 번갈아 나온다. 하나는 고대 예루살렘, 즉 예수의 시대이며 다른 하나는 근대 모스크바, 즉 스탈린의 시대다. 그 속에서 환상적인 이야기가 펼쳐진다. 이야기 중심에는 거장巨匠이라고 불리는 작가와 그의 정부情婦 마르가리타가 있다. 두 사람의 모험은 얼핏 괴테의 『파우스트』를 연상시키지만, 이야기는 스탈린 시대의 소련을 철저하게 고발하는 것이다.

이 소설은 스탈린에 의해 영원히 출판 금지를 당한 작가 불가코프가 쓴 것이었다. 그의 생전에 책이 나왔다면 불가코프는 다른 작가들처럼 '실종'당하는 일을 면치 못했을 것이다. 그러나 불가코프는 자신의 작품이 결코 상연될 수 없는 극장에서

굳은일까지 감수하며 목숨을 연명했다. 그리고 집에 돌아와서는 밤마다 결코 출간되지 않을 소설을 썼다. 그가 늙어서 시력을 잃자, 그가 불러주는 내용을 아내가 일일이 타자기로 옮겨쳐서 원고를 만들었다. 10년에 걸친 작업이 끝나자 불가코프는 숨을 거두었다.

가난 속에서도 상상력과 독서를 포기하지 않았던 소년

미하일 불가코프Михаи́л Афана́сьевич Булга́ков, 1891~1940는 1891년에 현재 우크라이나의 수도이며 오랜 세월 동안 키이우 공국의 수도였던 키이우에서 태어났다. 그의 집안은 부계와 모계가 모두 러시아정교회 성직자들을 배출한 성직자 가문이었다. 불가코프는 키이우 신학교 교수였던 아버지가 낳은 7남매 중의 장남이었다. 하지만 신학자를 아버지로 둔 집안은 가난했다. 아이가 늘어날 때마다 더 싼 집을 구하기 위해 거의 매년 이사를 할 정도였다. 하지만 부모형제들과 함께했던 단란한 기억은 평생 그의 추억으로 남게 되고, 그는 그런 어린 시절을 파괴한 볼셰비키 혁명에 의문을 가지게 된다.

어려서부터 예술에 관심과 재능이 많았던 불가코프는 키이우에서 김나지움에 다녔다. 그는 장난이 심하고 상상력이 풍부한 소년이었다. 그는 책을 좋아하여 독서량이 엄청났는데, 특히 러시아 고전작가들의 소설을 탐독했다. 그러나 그중에서도 특별히 고골이나 니콜라이 셰드린 등의 풍자작가들을 좋아했다. 또한 학창 시절부터 불가코프는 오페라를 아주 좋아했다. 키이우 오페라극장은 그때나 지금이나 중요한 오페라극장으로, 그는 그곳에 가서 오페라 보는 것을 즐겨했다. 구노의 〈파우스트〉 같은 작품은 수십 번을 보았다고 하며, 한때는 오페라 가수를 직업으로 꿈꿀 정도였다.

격동의 시기에 의사가 되다

그렇게 예술에 관심이 많았던 불가코프였지만, 16세에 아버지가 돌아가시자 장남으로서 가족을 건사하기 위해 키이우대학 의학부에 들어갔다. 의대를 다니는 동안 제1차 세계대전

의대생 시절의 불가코프

이 발발하자 그는 의대생 신분으로 전쟁에 투입된다. 그는 최전선에서 부상병을 진료했다. 그런데 불가코프는 부상을 입고, 이것은 일생의 상처를 남긴다. 부상 때문에 생긴 통증 때문에 그는 의사란 점을 이용해 쉽게 진통제를 사용하여, 그만 모르핀 중독이 된다. 그는 나중에 이 체험을 바탕으로 단편소설 「모르핀」을 쓰게 된다.

    1916년 의대를 졸업하고 의사가 된 불가코프는 전시였기에 황제를 옹위하는 백위군白衛軍에 들어가 야전병원에서 복무한다. 하지만 알려져 있듯이 적위군赤衛軍이 승리한다. 1918년 공산국가가 수립되자, 성직자 가족인 그의 식구는 파리로 망명한다. 그러나 불가코프와 동생만은 캅카스 지방에 남는다. 불

키이우의 자기 서재에 있는 불가코프

가코프는 캅카스 벽촌을 옮겨 다니며 봉직의 생활을 한다. 그는 벽지 주민들의 낙후되고 비참한 생활에 눈을 뜨면서, 그들의 힘든 일상과 슬픈 운명을 글로 쓰기 시작한다. 그렇게 불가코프의 초기 작품에서는 의사로서 진료하면서 경험한 소재들이 많이 등장한다.

2년간의 시골 생활을 마친 불가코프는 키이우로 돌아온다. 그러나 돌아온 고향은 이전의 아름다웠던 키이우가 아니었다. 그곳은 볼셰비키 혁명을 옹위하는 적위군, 러시아 제국으로의 복원을 꿈꾸는 백위군 잔당, 제1차 세계대전에 참전하여 머무르던 독일군, 우크라이나의 독립을 갈망하는 독립군 등이 뒤엉킨 무질서의 세상이었다. 이런 현실에서 불가코프는 혁명에 대해 회의를 느낀다. 혁명이라는 명분으로 파괴된 옛 건물들, 지난날의 질서, 과거의 아름다움, 그중에서도 사라진 가정과 무너진 정신적 가치를 안타깝게 여겼다.

시골 의사의 경험이 원고지로 옮겨지다

1919년 불가코프는 백의군 군의관이 되어, 퇴각하는 백위군과 함께 러시아 남부의 블라디캅카스로 간다. 그런데 그는 그곳에서 티푸스에 걸려 거기에 그대로 머무르게 된다. 그러면서 그곳의 향토작가인 슬료즈킨을 만나고, 그의 제의로 인민계몽위원회의 블라디캅카스 문화지국을 맡게 된다. 이때부터 그는 의사직을 버리고 본격적으로 글을 쓰게 된다. 그는 거기서 「투르빈가(家)의 형제들」 등 다섯 편의 희곡을 쓴다.

그러다가 1921년에 그는 모스크바에 정착한다. 처음에는 교육인민위원회 산하의 문학부에서 근무하기 위한 것이었지만, 문학부가 없어져서 그는 직장을 잃게 된다. 그래서 그는 굶주려가면서 생계를 위해서 글을 썼다. 그는 신문과 잡지에서 주문이 오는 대로 아무 칼럼이나 닥치는 대로 기고하고, 하루 종일 일자리를 찾아다니는 생활을 했다. 어머니가 돌아가셨다는 연락을 받고도 고향에 갈 수 없을 정도였다. 그러던 그는 백위군의 경험들을 바탕으로 첫 번째 장편소설 『백위군』을 쓰고 작가로 인정받기 시작한다. 『백위군』을 읽은 시인 볼로신은 톨스토이나 도스토옙스키에 견줄 만한 작가가 탄생했다고 극찬했다.

그러나 불가코프는 희곡 작가로서 먼저 알려졌다. 1926년에 쓴 초기의 걸작 희곡 「투르빈가(家)의 형제들」은 러시아 연극의 중심인 모스크바 예술극장에서 공연되어 성공을 거둔다. 그러나 그가 유명해지자 동시에 그의 문학에 대해 반혁명적이고 불온한 내용이라는 비판도 시작되었다. 이런 비판들은 「투르빈가의 형제들」을 비롯하여, 「조야의 아파트」나 「개의 심장」 등의 초기 작품들에 모두 해당했다.

「투르빈가의 형제들」은 장편소설 『백위군』을 토대로 하여, 혁명 직후의 백위군 장교 집안의 몰락과 가족의 해체를 그렸다.「조야의 아파트」는 스탈린 치하의 모스크바를 배경으로 한다. 젊은 미망인의 아파트는 낮에는 의상실이지만, 밤이 되면 문란한 파티가 벌어진다. 작가는 거기에 참석하는 다양한 계층의 병적이고 기형적인 모습을 보여준다.「개의 심장」은 개가 인간으로 바뀌었다가 다시 개로 돌아간다는 동화 같은 기법으로 쓴 작품이며, 인간을 개조하여 사회주의적 인간을 만들려던 소련 당국을 고발하고 있다.

　　불가코프의 작품들은 대부분 기발하고 풍자적이다. 그러나 동시에 반혁명적이며 정권에 비판적이다. 그리하여 그의 희곡들은 스탈린 체제하에서 상연이 금지되거나 다시 허가되거나 하는 일이 반복되는 고초를 겪는다. 이에 불가코프는 1927년에 소련 당국의 창작에 대한 침해와 극장의 검열을 다룬 희곡「적자색 섬」을 써서 공연하는데, 이것은 자신에게 결정적 부메랑으로 되돌아온다. 즉 1929년에 그의 모든 작품들이 공연 금지를 당한 것이다.

　　이에 불가코프는 분개하여「검은 마술사」라는 제목으로 쓰고 있었던 소설(이것이 나중에 『거장과 마르가리타』가 된다)의 초고를 불태워버린다. 이후로 그의 작품들은 그의 생전에는 단 한 편도 출판되지 못했다. 생활고生活苦로 견딜 수 없었던 불가코프는 1930년 3월에 스탈린과 몇몇 인사들에게 자신이 소련을 떠나게 해달라는 편지를 쓴다. 사실 불가코프는 일생을 두고 콘스탄티노플이나 부에노스아이레스 같은 자유의 땅을 그리워했다. 한 달 후에 스탈린은 불가코프에게 직접 전화를 걸어 "외국으로 보내달라고 했소? 우리가 그렇게 지겹소?"라고 묻는다. 이에 불가코프는 "러시아 작가로서 조국을 떠나서는 살 수 없을 것 같습니다"라고 대답해버린다. 그 일로 불가코프는 모스크바 예술극장에서 조연출의 자리를 얻고, 굶주림을 면하고 생활을 이어간다. 하지만 그는 작품들을 다시는 출간할 수 없었으며, 자신의 희곡들의 무덤이 된 극장에서 일한다는 것이 그에게는 고통이었다.

그런데 모스크바 예술극장에서 퇴출된 그에게 새로운 기회가 찾아왔으니, 1936년에 볼쇼이 극장에서 오페라 대본을 의뢰해온 것이다. 불가코프는 어린 시절부터 꿈이었던 두 개의 오페라 대본을 쓰기로 계약한다. 그러나 이 작품들은 완성되지 못했다. 그리고 푸시킨의 마지막 순간을 그린 희곡 「마지막 날들」을 읽은 작곡가 쇼스타코비치가 이 작품을 오페라로 만들고 싶다고 연락을 해왔다. 그러나 쇼스타코비치의 〈므첸스크의 맥베스 부인〉이 스탈린에게 비난을 받으면서 이것도 무산되었다. 이렇게 오페라극장과 관련된 시도들은 어느 것도 실현되지 못했지만, 오페라를 좋아했던 불가코프로서는 그 순간이나마 행복했을 것이다.

출간되지 않을 소설을 쓰다

이렇게 날개가 꺾인 작가가 자신의 글이 출간될 희망이 전혀 없는 상황에서 어떻게 살아갈 수 있었을까? 당시 불가코프에게 위로가 되었던 유일한 것은 혼자서 쓰는 소설 『거장과 마르가리타』였다. 그는 초고를 불태웠던 「검은 마술사」의 제목을 바꾸어 작품을 다시 살려내어, 작품의 생명이 아니라 자신의 생명을 이어가기 위해서 집필을 시작했다.

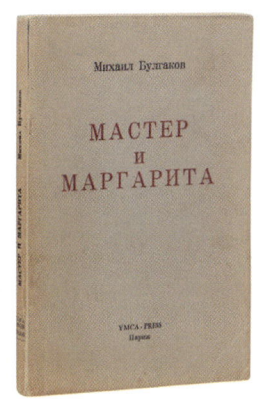

소설 『거장과 마르가리타』의 초판 표지

이 위대한 소설은 인간의 삶을 통제하고 조종하는 권력과 그 속에 서 있는 힘없는 작가의 관계를, 예루살렘에서 있었던 예수의 처형을 교차시키면서 표현한다. 언제 자신에게 처형이 다가올지 모르는 공포 속에서 낮에는 극장에서 일을 하면서, 그는 밤마다 집에서 이 소설을 썼다. 그는 이 소설이 결코 출판되지 않을 것이라는 엄연한 현실 앞에서 매일 소설을 쓰고 수정하고 끊임없이 다듬었다. 그는 "만일 신이 없다면 누가 지상의 삶을 관장하는가?"라는 근원적인 물음으로 이 소설을 시작하면서 스탈린 체제를 고발했으며, 인간으로서의 자신의 존재 가치를 스스로 이어갔다.

그러던 중에 고혈압성 신장병으로 건강이 급격히 악화된

다. 나아가 후유증으로 시력이 나빠져서 글을 읽기도 불가능한 지경에 이른다. 그리하여 불가코프는 병상에 누운 채로 아내가 읽어주는 자신의 원고를 듣고, 다시 지시를 하는 방식으로 이 작품에 남은 힘과 열정을 다 쏟아부었다.

   1932년 불가코프가 이미 정권의 비판을 받고 있던 최악의 시절에 기꺼이 그와 결혼했던 세 번째 아내인 엘레나 세르게예브나가 『거장과 마르가리타』의 모델로 알려져 있다. 그녀는 마지막 순간까지 불가코프를 지키면서 소설의 완성에 결정적으로 기여했다. 그녀는 앞이 보이지 않는 그를 대신하여 남편의 구술을 일일이 원고지에 타이핑해 넣었다.

   침대에 누워서 아내가 불러주는 원고를 들으면서 모든 정신력을 집중하여 『거장과 마르가리타』의 교정을 마친 불가코프는 길고 긴 10년의 작업 끝에 마침내 1940년에 작품을 탈고한다. 그리고 마치 자신에게 주어진 사명을 마친 예수처럼, 그는 한 달 후에 가족과 친구들이 지켜보는 가운데 숨을 거두었다.

50년 만에 빛을 보게 된 명작

『거장과 마르가리타』는 불가코프가 생애 마지막 10년의 기간에 모든 육체와 정신을 소진하면서 쓴 최대의 작품이지만, 생전에는 당연히 출간되지 못했으며 사후에도 출판될 기미는

아내 엘레나 세르게예브나와 불가코프

보이지 않았다. 이에 미망인 엘레나는 스탈린에게 편지를 쓰는 등 다방면으로 활동을 펼쳐서 이 소설이 세상에 빛을 볼 수 있도록 노력했다.

하지만 『거장과 마르가리타』가 처음 세상에 나오기 시작한 것은 불가코프가 세상을 떠난 지 26년 만이었다. 이 작품은 1966년에야 잡지 『모스크바』에 처음으로 연재되면서 세상에 나왔다. 그러나 출판된 판본은 검열로 심하게 훼손되고, 약 12퍼센트가 삭제된 것이었다. 전체 원고가 검열 없이 출판된 것은 1973년이라고 알려졌지만, 그 후에도 남겨진 원고들이 또 발견되었다. 그리하여 1989년에 출간된 것을 이 소설의 최종본이자 완전한 판본으로 보고 있다.

스탈린 시대에 예술의 자유를 억압하는 전체주의 체제와 거기에서 신음하는 예술가의 영혼이 파괴되어 가는 과정을 그린 이 소설이 세상에 나오자, 그 예술성과 사회성 모두에서 폭발적인 찬사를 받는다.

불가코프의 생전의 삶은 비참했으며, 작가로서는 다시 살아날 수 없었다. 그리하여 그는 외국으로 가서 창작을 하고 싶어 했지만, 그를 그토록 미워한 조국은 결코 그를 외국으로 보내주지 않았다. 그는 미래가 없는 조국에서의 삶을 버티면서 살아갔다.

그러나 그의 사후에 나온 작품은 주인을 대신해 화려하게

건강한 시절의 불가코프

부활하여, 현재 세계문학의 금자탑으로 평가받고 있다. 거의 50년이 걸린 것이다.

알베르트 슈바이처
Albert Schweitzer

모든 것을 버리고, 오직 남을 위하여

누가 의료봉사를 펼치면 쉽게 '○○동네의 슈바이처'나 '○○나라의 슈바이처'라는 말로 부른다. 그러나 정작 진짜 슈바이처에 대해서는 자세히 알지 못한다. 아동용 위인전 외에는 그의 저작을 읽지 않았기 때문이다. 그를 일반명사로 부르기 위해서는 그의 생각과 행적을 알아야 할 것이다.

슈바이처에 대한 변명

슈바이처를 이 책에서 얘기한다면 의아해할지도 모른다. 왜냐하면 슈바이처는 아프리카에서 의술을 펼친 의사로 알려져 있기 때문이다. 그렇다면 "가운을 벗은 의사는 아니지 않은가?" 하는 이야기다.

슈바이처는 의사가 되기 전에 이미 목사로 유명했으며, 대학의 신학부 교수이자 철학자였다. 더불어 슈바이처는 오르간 연주에서 탁월한 연주력과 식견을 가진 연주가로서 유럽의 정상급 직업 연주자로 활발한 연주활동을 하고 있었으며, 특히 음악가 바흐에 대한 깊이 있고 창의적인 저술을 통해 바흐 전문가로 이름을 떨쳤다.

그런 슈바이처는 자신의 남은 생애를 아프리카의 흑인들을 위해서 봉사하기로 마음을 먹고, 선교보다는 의술을 베푸는 것이 더 낫겠다는 결론에 이르렀다. 그리하여 그는 의사가 되기 위해서 의과대학에 다시 진학한 것이다. 그렇게 의사 자격을 취득한 슈바이처는 아프리카에 가서 자신의 힘으로 병원을 설립하고 그곳의 주민들을 위해 의술을 베풀었다. 그렇다면 슈바이처는 '가운을 벗은 의사'가 아니라 '가운을 입은 의사'가 되는 셈인데, 왜 여기에서 다루는가 하는 질문이 생길 수 있는 것이다.

슈바이처가 의사가 된 것은 의술보다는 봉사라는 개념을

먼저 앞세웠기 때문이다. 즉 그에게는 의사가 목적이 아니라 봉사가 목적이었고, 다만 그 수단으로 의술을 택했던 것이다. 그리고 아프리카로 가면서 의업을 통해서는 어떠한 돈도 벌지 않을 것을 다짐했다.

슈바이처가 아프리카에서 성공적으로 병원을 설립하고 진료활동이 궤도에 오르자, 그의 활약은 유럽에 크게 알려진다. 덕분에 그를 지지하는 자원 의사들과 간호사들이 나타나고, 이후에 병원은 그 의사들의 진료에 힘입게 된다.

그리고 슈바이처는 유럽을 오가면서 많은 강연과 연주를 한다. 이후 슈바이처의 수입은 의업이 아니라, 강연료와 출간한 책의 인세와 연주의 수익금에서 나온다. 그는 유럽에서 다시 많은 강연과 연주회를 열면서, 신학자이자 철학자로서 또한 바흐 연주와 이론에 대해 권위 있는 음악학자이자 오르가니스트로서 활동을 펼친 것이다.

이런 점에서 나는 그가 일반적인 의사와 다르다고 판단했다. 이 책의 인물로 그를 선택하는 데에는 고민도 없지 않았다. 하지만 결국 이 책을 쓰는 중요한 목적이 의사라는 직업이 가질 수 있는 다양한 길을 보여주고 선구자들을 소개하는 것이기에, 그 취지에 맞다고 생각하여 그를 여기에 소개하는 것임을 이해해주기 바란다.

신앙과 음악 속에서 자란 어린 시절

알베르트 슈바이처Albert Schweitzer, 1875~1965는 알퐁스 도데의 소설 「마지막 수업」으로 잘 알려진, 독일과 프랑스의 국토분쟁의 중심인 알자스 지방의 카이저스베르크에서 태어났다. 그래서 그의 국적에 대해 혼란을 갖는 사람들이 적지 않은데, 그가 태어날 당시에 그곳은 독일 영토였으며, 그의 국적도 독일이었다. 제1차 세계대전이 일어나자, 슈바이처는 독일인 신분이어서 프랑스군에 전쟁포로로 체포되고 포로수용소 생활도 했다. 전쟁이 끝나자 알자스는 프랑스 땅이 되고, 슈바이처의 국적도 프랑스로 바뀌었다.

이런 이유로 슈바이처는 프랑스어와 독일어를 둘 다 잘했다. 하지만 슈바이처는 자신의 모국어는 독일어이며, 자신은 국적과 상관없이 독일적 사고를 가진 독일인이라고 고백했다. 그럼에도 그는 프랑스와 독일의 국경지대에 있는 프랑스의 대학인 스트라스부르 대학을 다녔고, 이후로 독일의 베를린과 프랑스의 파리 두 곳 모두에서 공부했다.

슈바이처의 아버지는 알자스 지방의 목사였으며, 가톨릭 교도가 많았던 지역에서 개신교인 루터교 교회를 이끌었다. 할아버지는 교사 겸 교회 오르가니스트로 활동했으며, 할아버지의 세 형제들도 다 같은 직업을 가졌다. 슈바이처의 어머니 역시 목사의 딸이었으며, 외할아버지는 뛰어난 오르가니스트였다. 그런 점에서 슈바이처는 신앙과 음악이라는 두 가지 뿌리를 가지고 태어났다. 경제적으로는 넉넉하지 못한 가정이었지만, 평생 신앙과 음악이라는 두 개의 따뜻한 화원花園에서 자란 것이다. 슈바이처가 자라서 목사이자 오르가니스트가 되는 것은 출생과 환경으로 볼 때 자연스러운 수순이었다. 이런 점에서 교회와 음악으로 둘러싸인 슈바이처의 가정은 마치 바흐의 환경을 연상시킨다. 그렇게 슈바이처도 바흐처럼 시골의 목사나 오르가니스트로 일생을 보냈을 수도 있었다.

슈바이처는 다섯 살 때 외할아버지가 물려준 작은 피아노로 아버지에게서 피아노를 배우기 시작했다. 그러다가 페달에 발도 닿지 않던 여덟 살에 오르간을 배우고, 다음 해인 아홉 살에는 이미 교회 오르가니스트를 대신해 예배에서 가끔 오르간을 치기도 했다. 고향의 시골학교를 다닌 슈바이처는, 독일 뮌스터에서 실업학교를 다닌다.

슈바이처는 프랑스의 스트라스부르 대학에 진학하여 철학과 신학을 공부한다. 그는 학부 때부터 예수의 생애에 관심을 가지고 연구하여, 나중에 저작『예수의 생애 연구사』를 쓰는 바탕을 만든다. 동시에 그는 음악공부도 계속하여, 파리까지 가서 오르간의 대가 샤를마리 비도르Charles-Marie Widor에게 오르간을 배운다. 특히 바흐의 오르간 음악을 깊이 연구하여 나중에 바흐에 관한 저작을 출간한다. 이때부터 그는 평생 바흐를 숭배하고 바흐 음악의 권위자가 된다. 또한 그는 베를린에 가서 칸트 등 근대철학도 연구한다.

그는 스트라스부르 대학에서 철학박사와 신학박사 학위를 모두 취득했다. 모교에서 철학부 강사가 되기를 권했지만 그는 신학부를 택한다. 동시에 그는 스트라스부르의 성 니콜라 교회에 부목사로 취임한다. 젊은 슈바이처가 좋아했고 잘했던 것의 하나가 설교였다.

스트라스부르의 성 니콜라 교회

30세부터는 남을 위한 생을 살기로 결심하다

그런 슈바이처가 아프리카로 간 것은 즉흥적인 결정이 아니라, 오래전부터 그의 마음에 있던 진지한 바람이었다. 어려서 그는 가난한 목사의 아들인 자신보다 못한 급우들이 많다는 사실을 보고 충격을 받았다. 그는 '나는 가족들과 행복하게 살고 있지만, 이런 행복을 나만 누려도 되는가?'라는 생각을 하게 되었다. 어려서부터 가졌던 가난하고 비참한 사람들에 대한 관심은 '나만 행복하게 사는 것은 옳은 것이 아니다'라는 인식으로 발전했다. 그러던 그는 스물한 살이 되던 어느 날 아침 잠자리에서 일어나자, 이렇게 결심한다.

> 나는 30세까지는 내가 좋아하는 학문(신학과 철학)과
> 예술(음악)을 위해서 살고,
> 이후 30년은 남을 위해서 살겠다.

그는 "누구든지 제 목숨을 구하고자 하면 잃을 것이요, 누구든지 나의 복음을 위하여 잃으면 구하리라"라는 예수의 말을 가슴에 새겼다. 그리하여 서른 살이 되던 1905년에 슈바이처는 "앞으로 아프리카에 갈 것이며 그것을 위해 의대에 입학할 것이다"라는 계획을 편지로 써서 지인들에게 일일이 부쳤다. 공개 선언이었던 것이다.

서른 살에 봉사를 위한 목적으로 의대에 진학하다

그리하여 이미 스트라스부르 대학의 교수였고 두 개의 박사학위를 가진 슈바이처는 30세에 의학부에 입학했다. 교수가 자기 학교의 학생이 된 셈이다.

의대공부는 힘들었지만, 그는 신학부 교수직과 목사직도 포기할 수 없었다. 그래서 의학공부를 하면서 매주 신학 강의와 설교 준비를 하는 고투가 계속되었다.

게다가 그는 음악을 그만둘 수도 없었다. 1905년에 귀스타브 브레Gustave Bret를 중심으로 파리 바흐협회가 창설되었는데,

스트라스부르 의대

오르간을 연주하는 슈바이처

이 단체의 주요 연주에서 오르간은 슈바이처가 맡았다. 그의 연주가 탁월했기 때문이다. 그래서 파리의 연주회가 끝나면 밤 기차로 스트라스부르로 돌아오면서 열차에서 설교 준비를 하고, 다음 날 아침에는 의대 수업에 참석하는, 상상도 하기 어려운 여러 가지 일을 모두 해냈다.

 그렇게 의대를 졸업하고 인턴까지 마치는 데 7년이 걸렸다. 슈바이처는 1912년에 세상 사람들이 부러워하는 안정적인 두 직업, 즉 스트라스부르 대학 교수직과 성 니콜라 교회 목사직을 모두 사임했다. 그에게는 사회적 직위를 잃은 것보다도 설교나 강의를 할 수 없다는 것이 가장 큰 아쉬움이었다. 얼마나 힘들었으면 아프리카로 떠나기 전까지 그는 시내에서 대학과 교회를 피해 다녔다고 회고했다.

 아프리카로 떠나는 슈바이처에게 큰 힘이 된 것은 아내였다. 헬레네는 남편이 의대에 다니는 동안에 간호사 자격을 취득하여 그를 도울 만반의 준비를 했다. 이제 슈바이처는 유럽에서 보장된 교수로서나 음악가로서나 목회자로서의 장래를 모두 포기하고, 안락한 생활과 명성도 뒤로 접은 채 그의 도움이 가장 필요한 땅이라고 생각한 아프리카로 떠났다.

가장 도움이 필요한 곳으로

　1913년 슈바이처 일행은 현재의 가봉 공화국인 적도 아프리카의 랑바레네에 도착했다. 처음에는 건물이 없어서 닭장에서 진료를 시작했다. 그곳에는 말라리아, 한센병, 이질, 종기, 폐렴, 심장병, 피부병 등의 환자가 많았다. 특히 탈장처럼 간단한 수술만으로 치료가 가능한 질병도 의사가 없어 죽는 사람들이 허다했다.

　병원의 부족한 기금을 모집하기 위해 그가 유럽으로 돌아왔을 때, 제1차 세계대전이 일어났다. 그는 독일인이라는 이유로 프랑스군에게 체포되고 포로수용소 생활도 겪는다. 하지만 전쟁이 프랑스의 승리로 끝나고 알자스가 프랑스 영토가 되자 슈바이처는 프랑스 국적이 되었으며, 덕분에 프랑스령인 랑바레네에서의 활동이 편리해졌다. 슈바이처는 6년간 유럽의 각지로 돌아다니며, 강연과 오르간 연주로 모금을 했다. 아프리카로 돌아간 이후로도 슈바이처는 3년에 한 번 정도 유럽에 와서 강연과 설교와 연주를 했으며, 그의 강연료와 책의 인세와 레코드 저작료 등을 의료사업에 사용했다.

　그는 노벨 평화상(1952년 수상자이지만, 실제로 1954년에 받았다)을 받자, 그 상금으로 한센병 병동을 지었다. 그렇게 그가 유명해지자 그에게 동조하고 따르려는 의사와 간호사와 자원봉사자들이 수십 명에 이르러, 나중에는 그들이 병원을 이끌어가게 되었다.

**아프리카 랑바레네 병원에서 슈바이처.
아프리카에서 자연의 훼손을 최소화하려고 노력했다.**

노벨 평화상을 받고 수상 연설을 하는 슈바이처

모든 생명을 위해서 실천으로 보여준 위대한 삶

슈바이처는 작은 생명이라도 소중히 여겨야 한다는 생명 외경사상을 중시했으며, 그것은 인간에 국한된 것이 아니었다. 그는 아프리카에서도 자연과 공생해야 한다는 생명다양성 사상을 설파했다. 그는 밀림을 훼손하지 않기 위해서 병동의 확장을 절제했으며, 나무 한 그루도 함부로 베지 않았다. 어떤 이들은 지금도 초라한 랑바레네 병원의 시설을 나무라지만, 건물을 번듯하게 짓는 것은 또 다른 생명의 파괴라는 그의 정신을 따르는 것이다. 그는 사람이 편하기 위해 벌레를 잡겠다며 연기를 피우는 행위도 못 하게 하여 여름밤에도 문을 닫고 잤다.

생명외경사상은 그의 사상의 근간이며 세계 곳곳에 그 영향이 남아 있다.

또한 슈바이처는 명망가임에도 평생 검소한 삶을 실천했다. 노벨상 시상식에 참석하기 위해 열차를 타고 여행했을 때, 역에서 많은 기자들이 그를 기다렸다. 그런데 여든을 바라보는 그가 일등칸이 아니라 삼등칸에서 내리는 것이었다. 기자들이 "선생님, 왜 삼등칸을 타셨습니까?"라고 묻자, 그는 "사등칸이 없어서요"라고 대답했다. 이어 그는 "저를 필요로 하는 사람들은 삼등칸에 있지, 일등칸에는 제가 필요 없습니다"라고 덧붙였다. 실제로 그는 그 기차여행에서도 삼등칸에서 어려운 사람들을 진찰했던 것이다.

그리고 우리가 오해하는 사실이 슈바이처가 선교를 위해 아프리카에 들어갔을 것이라는 성급한 짐작이다. 역시 그의 저작을 읽어보지 않아서 생긴 문제다. 슈바이처는 아프리카 주민들에게 기독교를 강요한 적이 없으며, 오히려 원주민들의 전통 종교를 존중했다. 슈바이처의 봉사에는 종교적 야심이 없었기에, 선교를 목적으로 하는 의료봉사와 구분해야 한다.

슈바이처는 많은 강연과 설교로도 유명했지만, 많은 저술도 열정적으로 남겼다. 그것들은 세계 각국의 언어로 번역되어, 세계인이 그의 사상을 읽고 있다. 우리나라에는 아쉽게도 그중에서 몇 권만이 번역 출간되어 있다. 그가 자신의 삶과 사상을 정리한 『나의 생애와 사상』은 이 글의 가장 큰 바탕이 되었다. 그 외에 어린 시절을 이야기한 『나의 어린 시절』이 있으며, 아프리카에서의 활동을 기록한 『물과 원시림 사이에서』도 나와 있다. 그가 집필한 신학 서적으로는 『하늘의 축복』이 있고, 음악 서적으로 『바흐 오르간 작품집』이 있으며, 『요한 제바스티안 바흐』가 출간 예정으로 있다.

슈바이처는 자신이 세운 랑바레네 병원의 병실에서 길고 고단하지만 또한 기쁘고 보람찬 90년의 생애를 마감했다. 30년 동안 남을 위해서 봉사할 것을 결심했던 그에게 하느님은 그 두 배인 60년을 더 허락해주었던 것이다. 그는 유일한 혈육인 딸이, 파리 바흐협회에서 선물로 아프리카까지 보내준 작은 오르간으로 연주하는 바흐의 음악을 들으며 숨을 거두었다.

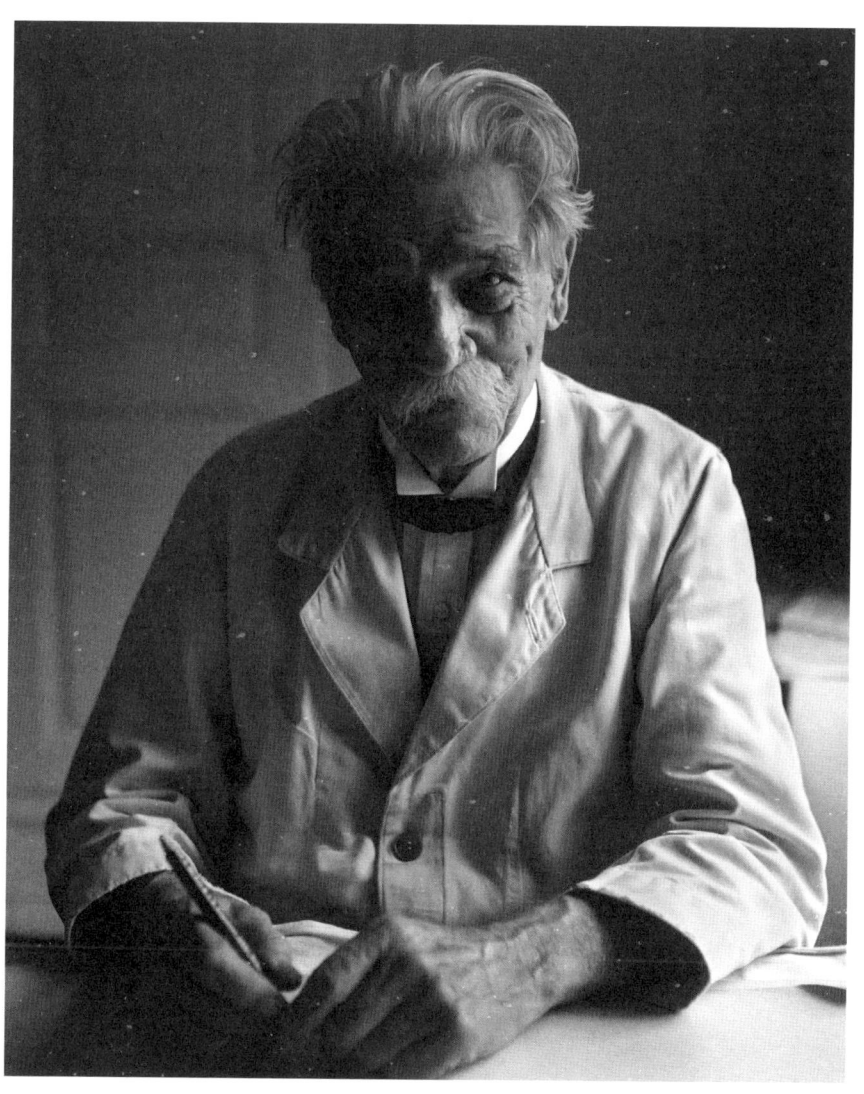
만년의 슈바이처

아르투어 슈니츨러
Arthur Schnitzler

빈의 세태를 의사의 시각으로 분석하다

슈니츨러는 프로이트와 같은 시대에 빈에서 활동한 의사다. 프로이트가 학문적인 논문들을 쓴 반면, 슈니츨러는 소설과 희곡으로 세태를 그려냈다. 그의 작품들에는 그의 의학적 지식에 그의 임상적 경험이 함께 녹아들어 있다. 그의 작품은 빈 사회와 빈 사람들의 임상기록들이다.

프로이트가 경계하면서도 인정했던 숨은 라이벌

빈의 의사이자 정신분석학자였던 지그문트 프로이트Sigmund Freud, 1856~1939 생전에 그의 최대 라이벌은 누구였을까? 융? 아들러? 나는 그가 가장 신경을 많이 썼던 사람 중의 한 명이 슈니츨러가 아닐까 생각한다.

슈니츨러는 마치 프로이트가 TV에 나와 시사사건을 해설하는 것처럼, 정신분석학적 시각으로 세상 사람들을 그린 소설이나 희곡을 썼다. 그리고 프로이트는 신문에 실리는 그의 글을 매일 읽었을 것이다.

아르투어 슈니츨러Arthur Schnitzler, 1862~1931는 1900년 전후, 즉 세기말과 20세기 초의 오스트리아를 대표하는 소설가이자 극작가다. 하지만 또한 슈니츨러는 빈 의대를 나온 의사였다. 그런데 그는 프로이트와 같은 학술논문이나 의학서적을 쓰지 않았다. 그렇다면 의사였던 프로이트가 왜 작가에게 신경을 썼단 말인가?

슈니츨러의 신간이 나오면 사람들은 "이것은 희곡이 아니라, 빈 시민들의 임상기록지 같다"고 말했다. 한마디로 그는 빈 사람들의 심리를 논문이 아니라 문학으로 표현했으며, 그것으로 그는 프로이트 이상으로 빈 시민들의 내면을 그려냈다는 평을 들었다.

그의 작품들은 프로이트의 정신분석학적인 배경 위에서

쓰인 것이었다. 그리고 그의 소설이나 희곡은 프로이트의 학술서보다도 훨씬 재미있었다. 그래서 학문적인 프로이트와는 달리 슈니츨러는 대중적인 인기도 높았다. 그의 책을 읽은 프로이트는 "마치 나 자신과 꼭 같이 생긴 다른 존재 즉, 도플갱어Doppelgänger가 쓴 글을 읽는 것 같았다"고 실토했다.

부도덕한 풍속을 고발한 한 권의 책

슈니츨러의 대표작인 희곡 「라이겐Reigen」을 보자. 「라이겐」을 원작으로 하여 만든 영화가 우리나라에 「윤무輪舞」즉 '둥글게 원을 그리며 추는 춤'이라는 이름으로 소개되었던 것처럼, 이것은 여러 사람이 짝을 바꾸어가며 추는 오스트리아 민

영화 「윤무」의 한 장면

속춤의 하나다. 한 남자가 다른 여자와 춤을 추면 그 여자는 다시 또 다른 남자와 춤을 추고 그 남자는 다시 또 다른 여자와 춤을 주는 식으로 이어지는 형태다.

이런 춤인 라이겐을 슈니츨러는 세기말 빈에서 타락한 남녀들이 벌이는 애정행각의 실태를 표현하는 데에 사용했다. 즉 막이 오르면 한 창녀가 길에서 군인을 만나서 그와 사랑을 한다. 그리고 이어 군인은 다른 하녀와 만나 사랑하고, 하녀는 그녀의 젊은 주인과 사랑한다. 다시 젊은 주인은 어떤 젊은 부인과, 젊은 부인은 그녀의 남편과, 남편은 다른 아가씨와…… 이런 식으로 관계가 이어지면서 마지막의 열 번째 인물인 백작은 처음에 등장했던 창녀와 사랑한다. 이렇게 5남 5녀로 구성된 10인의 등장인물들이 번갈아가며 관계를 맺고, 마지막 사람은 처음에 나왔던 사람과 관계를 맺어서, 10명이 윤무를 추는 것 같은 커다란 고리를 형성하는 것이다. 이것은 문란했던 빈의 성性 풍속도를 축약해서 희곡으로 그려낸 것이다.

희망에 찬 새로운 20세기가 시작되는 1900년에 「라이겐」이 출간되자마자 빈 시내가 발칵 뒤집어졌다. 너무 외설적이고 부도덕하다는 것이다. 하지만 과연 그럴까? 실제로 당시 빈 사람들의 생활은 「라이겐」에 그려진 것과 별반 다르지 않았다. 그러니 「라이겐」을 나무랄 수는 없었고, 그래서 「라이겐」은 법적·사회적 공격을 비껴갈 수 있었다.

즉 겉으로만 일부일처제를 내세웠을 뿐, 속으로 마음껏 혼외관계를 누리던 빈 사람들에게 「라이겐」은 성 풍속에 대한 통렬한 고발장과도 같았다. 요즘 같으면 TV의 탐사보도에서 기획프로그램을 터뜨린 것과 흡사한 일이었다. 프로이트가 "빈 사람들은 마치 허리 아래는 없는 것처럼 대화한다"며 성에 대한 빈 시민들의 위선적 태도를 비판했지만, 일반인들에게는 「라이겐」 한 권이 훨씬 강렬했다. 이것이 문학의 힘이요, 슈니츨러의 가치였다.

의사의 공부가 작가의 힘이 되다

슈니츨러는 오스트리아의 빈에서 후두後頭 전문으로 저명했던 이비인후과 의사 요한 슈니츨러Johann Schnitzler, 1835~1893의 아들로 태어났다. 외할아버지도 의사였으니 의업은 가업이었고, 그의 동생도 의사가 되었다. 그리고 친가와 외가가 모두 유대계였다.

슈니츨러는 어려서부터 독서를 좋아하고 문학적 재능이 뛰어났다. 특히 아버지가 후두 전문가였던 덕분에 권위 있는 부르크 극장의 배우들이 그의 집에 자주 드나들었다. 커다란 부르크 극장에서 큰 소리로 발성을 하다가 성부聲部에 이상이 자주 생겨서 아버지를 찾았던 것이다. 문학에 관심이 높았던 슈니츨러는 아버지의 진료실에서 배우들을 사귀고 그들을 따라 극장을 드나들면서 연극에의 꿈을 키워갔고, 그의 장래희망

젊은 시절의 슈니츨러

은 희곡작가였다. 하지만 아버지는 아들이 가업을 이어야 한다며 의학의 길을 강력하게 주장했다.

김나지움을 우등으로 졸업한 슈니츨러는 아버지의 뜻에 따라 빈 대학 의학부에 진학한다. 그러나 그는 의대생 시절부터 글을 쓰기 시작하여 여러 잡지에 단편소설이나 희곡을 발표했다. 또한 그는 의대 학술지의 편집에도 관여하고, 아버지가 발행했던 의학 잡지의 편집을 맡기도 한다. 그는 빈의 문예잡지와 독일의 여러 일간지에 소설과 시를 발표했고, 의대생의 신분으로 이미 빈 문단의 일원으로 받아들여졌다.

의대를 졸업하고 잠시 종합병원에서 일한 슈니츨러는 의원을 개업한다. 그러나 그는 의업보다는 창작에 더욱 열심이었고, 의사들보다는 문학가를 사귀는 것이 즐거웠다. 당시 빈의 문학계는 빈 모더니즘이라는 새로운 광풍이 불고 있었는데, 슈니츨러는 그 대표 작가들인 후고 폰 호프만스탈, 헤르만 바르, 페터 알텐베르크 등과 교제하며, 빈 문학 카페의 주요 인물 중의 한 명이 되었다. 특히 호프만스탈과는 평생에 걸쳐서 절친한 관계를 이어갔다.

슈니츨러는 진료실에서 만나는 환자들을 자세히 관찰하여, 병의 원인을 들여다보면서 빈의 전반적인 사회적 문제로 관심이 넘어가게 된다. 처음에는 아버지처럼 이비인후과 환자를 주로 보았지만, 점점 피부과 환자를 많이 보게 된다. 그러다

매독이 크게 유행하는 것을 보고는 시민들의 애정행태에 관심을 갖는다. 그러면서 최종적으로 그의 관심은 정신의학 쪽으로 향하고, 인간의 성적 욕망을 연구하게 된다.

그렇게 의사와 작가의 두 가지 일을 병행하던 슈니츨러는 1893년에 아버지가 세상을 뜨자, 기다렸다는 듯이 가운을 벗어 던진다. 그는 이제 자신이 하고 싶었던 작가의 길에만 전력을 다한다. 그는 비록 부친의 강요로 의사가 되었지만, 의학 공부는 그에게 인간을 과학적으로 관찰하고 행동을 탐구하는 방식을 훈련시켜 주었다. 그런 덕분에 슈니츨러는 빈의 다른 어떤 작가들과도 다른 방식, 즉 자연과학적 방식이나 정신분석학적 방식으로 사회를 바라볼 수 있었으며, 그만의 시각을 가진 작가로 자리매김했다.

슈니츨러와 프로이트의 공통점과 인연

책을 통해서 슈니츨러를 알게 되면, 같은 시대에 같은 빈에 살았던 프로이트와 그를 자연스럽게 비교하게 된다. 그는 프로이트보다도 여섯 살 아래였다. 프로이트와 슈니츨러는 같은 빈에 살았고 각기 당대의 유명 인사였다. 게다가 둘 다 빈 의대를 나온 동창이니, 선후배 관계다. 둘은 같은 의사이며, 모두 유대인 중산층 집안 출신이었다. 게다가 성적 욕망을 인간 심리의 바탕으로 본다는 입장도 같았고, 둘 다 한때 최면술에 심취했다.

그런 슈니츨러는 프로이트에 대한 이해가 깊었으며 프로이트의 정신분석 이론을 일찍이 받아들여서 자신의 바탕으로 삼았다. 그러나 두 사람은 실제로 한 번도 만난 적이 없었다. 둘 다 카페의 단골이었는데, 프로이트가 산책 삼아서 매일 가던 곳은 배우들이 모이는 카페 란트만이었고, 슈니츨러는 작가들이 모이는 카페 그린슈타이들의 단골이었다. 그렇게 각자 다른 카페에 다녔으니, 둘은 서로의 책은 읽었을지언정 만날 기회는 없었던 것 같다.

이런 외형적인 면 외에도 정신적으로 두 사람은 더 큰 공통점이 있다. 둘 다 개인주의적인 삶을 지향했다. 내면에 충실하고 자아주도적인 삶을 살았으며, 모든 정치적인 행위를 타락

빈의 카페 그린슈타이들에서 문학가 모임

한 것으로 보아 사회 활동을 줄이고 정치 참여를 멀리했던 것이다. 대신에 그들은 인간을 관찰하고 즐기는 타고난 관찰자이자 방관자였다. 두 사람 모두 전원에서 사는 삶을 찬미했지만, 그것은 말뿐이었고 둘 다 결국 평생 빈을 떠나서 살지 못했다(나중에 프로이트는 나치 때문에 런던으로 망명을 가기는 한다).

그러던 어느 날 슈니츨러가 60세 생일을 맞이했을 때, 프로이트로부터 생일을 축하한다는 편지를 받게 된다.

귀하의 글을 늘 열심히 읽고 있습니다. 귀하가 글에서 보여주는 여러 심리적 문제나 성性의 문제에 있어서 우리의 견해가 서로 비슷하다는 사실을 오래전부터 알고 있었습니다. 하지만 지금까지 한 번도 귀하와 개인적으로 가까이하려는 시도를 해보지 못했던 것은 저 자신과 너무나 흡사한 도플갱어를 만난다는 데에 대한 부끄러움 때문이었습니다……

정말 정신의학의 대가다운 너무나 솔직한 고백이 아닌가. 이 글은 슈니츨러를 심층심리의 대가로 인정한다는 프로이트의 공개서한에 다름없었다……. 하지만 이것이 다였다. 개인주의자였고 교제보다는 사적인 세계를 중시하고 내면적인 삶을 살던 두 사람은 결국 만나지도 않았고 더 이상 가까워지지도 않았다.

나중에 유대인을 향한 나치의 마수가 점점 가까워오자 프로이트는 런던으로 망명했다. 반면 빈에 있던 슈니츨러는 1928년에 딸이 자살을 하자 큰 충격을 받았다. 이후로 우울한 삶을 살던 그는 1931년에 뇌출혈로 세상을 떠났다.

도시 사람들의 이면을 그린 문학 세계

슈니츨러의 작품은 많은 편이다. 희곡으로는 앞서 소개한 「라이겐」을 필두로, 「아나톨Anatol」, 「드넓은 세상Das weite Land」, 「초록 앵무새Der grüne Kakadu」, 「베른하르디 교수Professor Bernhardi」 등을 들 수 있다. 만년에는 희곡보다는 소설을 많이 썼다. 중요한 소설로는 『구스틀 소위Leutnant Gustl』, 『꿈의 노벨레Traumnovelle』, 『카사노바의 귀향Casanovas Heimfahrt』, 『엘제 아씨Fräulein Else』, 『트인 데로 가는 길Der Weg ins Freie』 등이 있다.

슈니츨러는 도시 사람들의 슬프고 어두운 사랑을 중심으로 한 이야기들을 세련된 문체로 그려냈다. 특히 빈 시민의 세계를 날카롭게 묘사하여, 빈을 가장 정확하게 그려낸 작가라고 평가받았다. 그는 프로이트의 정신분석학적 기법을 이용한 희곡과 소설을 통해, 당시 쇠락해가는 늙은 제국의 수도에서 살아가는 다양한 계급과 직업과 배경을 가진 인간군상의 모습을 마치 의사가 현미경으로 미생물을 들여다보듯이 꼼꼼하고 세밀하게 묘사했다.

원고를 검토하고 있는 만년의 슈니츨러

그런 점에서 그의 작품들에는 문학적인 향취보다는 인간의 적나라한 모습이 노골적으로 드러난다. 덕분에 당대에 그는 일종의 풍속작가 내지는 퇴폐작가라는 평가를 받기도 했으며, 그의 작품들은 순수문학보다는 통속문학으로 분류되었다.

아들에 의해서 되살아난 아버지

그러다가 슈니츨러의 아들인 하인리히 슈니츨러Heinrich Schnitzler, 1902~1982가 아버지의 재평가에 크게 기여한다. 나치의 유대인 학살을 피해서 미국으로 망명했던 하인리히는 제2차 세계대전이 끝나자 다시 빈으로 돌아온다. 미국의 캘리포니아 대학에서 연극 교수를 역임했고 브로드웨이에서 연극을 연출했던 그는 빈 연극계에서 중견 연출가가 된다. 그는 아버지는 물론이고 그와 막역했던 후고 폰 호프만스탈을 비롯하여, 나치가 퇴폐문학이라며 상연을 금지하거나 평가절하 했던 세기말 작가들의 작품을 다시 무대에 올려 그들의 명예를 회복시키는 작업에 전념한다.

그렇게 1950년대부터 슈니츨러의 작품세계에 대한 재평가가 이루어진다. 비로소 슈니츨러는 비더마이어 시대의 체면과 관습에 희생당하고 소외된 개인을 그린 작가로 평가받게 된다. 출간 당시에는 통속 연극으로 치부되던 슈니츨러의 희곡은 점점 빈에서 가장 권위 있고 정통적인 연극의 본산인 부르크

빈 부르크 극장

극장에서도 중요한 레퍼토리가 되었고, 괴테나 실러의 유명 희곡들과 나란히 무대에 오르게 되었다.

지금 슈니츨러의 작품들은 자연과학과 정신의학적인 바탕에서 묘사되는 탄탄하고 세련된 문학으로 받아들여진다. 특히 그의 문학은 인간의 성性 심리를 바탕으로 개인의 소외를 다룬다. 그는 의사라는 이점을 문학에 가장 잘 적용하여 성공한 작가의 한 명이다.

지금 세계 어디서나 슈니츨러의 작품들은 세기말의 중요한 문학으로서 거의 모든 세계문학전집에 포함되어 있다. 특히 희곡보다도 소설에 대한 평가가 높은데, 심지어 그를 체호프에 비견되는 소설가로 평가하기도 한다. 우리나라에서도 별로 관심을 받지 못하던 그의 작품들이 2010년대부터 조명되기 시작하여, 국내 출판사들의 여러 세계문학전집 목록에서 그의 작품들을 점점 더 많이 볼 수 있게 되었다.

쑨원
孫文

작은 개업의에서 조국을 세운 국부國父로

빈농의 아들로 태어나 중국 최초의 양의사가 된 쑨원. 그러나 그는 조국 민주화와 혁명의 선두에 선다. 그는 결국 대통령에까지 오르지만, 다시 자리를 내어주고 물러난다. 중국 현대사에서 항상 구심점에 섰던 그는 중국의 두 체제에서 모두 나라의 시조로 추앙되고 있다.

어린 시절부터 보면서 컸던 그 중국인

어렸을 때 우리 옆집이 중국집이었다. 일을 하셨던 어머니는 늘 바빠서, 밥때가 되면 나는 종종 그 중국집에서 밥을 먹어야 할 때가 있었다. 어려서부터 유달리 볶음밥, 특히 중국식 볶음밥을 좋아한 나는 중국집에 가는 것이 좋았다.

그런데 화교華僑가 운영하던 중국집의 벽에는 두 사람의 사진이 붙어 있었다. 그것은 다른 중국집엘 가도 늘 마찬가지였다. 한 사람은 중화민국, 그러니까 우리가 흔히 대만(타이완)이라고 불렀던 나라의 총통 장개석(장제스)이며, 다른 한 명은 손문(쑨원)이라고 했다. 어렸던 나는, 손문에 대한 어른들의 설명은 어려워 잘 알아듣지는 못했다. 하지만 그때도 장개석은 우리 대통령보다 막강한 종신대통령 같은 사람이고, 손문은 미국의 조지 워싱턴 같은 사람이라는 정도는 알아들었던 것 같다.

그렇게 장개석과 손문은 볶음밥과 함께 내 머릿속으로 들어왔다. 나는 볶음밥에 얼굴을 처박고 먹다가 간혹 단무지를 먹기 위해 고개를 들 때마다, 저쪽 벽에서 나를 내려다보는 국민복 입은 두 남자를 보았다. 지금도 볶음밥을 먹을 때면 간혹 그들의 얼굴이 떠오른다.

가난한 농가의 아들로 태어나다

한자어 손문을 지금은 쑨원이라고 발음한다. 쑨원孫文,

1866~1925은 중화민국(타이완)과 중화인민공화국(중국)의 두 체제에서 모두 자신들의 국가를 설립한 뿌리를 만든 국부國父로 숭상하는 사람이니, 실로 그 위상은 대단하다. 그렇게 대단한 현대 중국의 두 체제를 모두 만든 사람인 것이다. 쑨원은 혁명가이며 정치가다. 또한 그는 중국에서는 선구적인 양의사洋醫師 중의 한 명이었다.

쑨원은 청나라가 중국 대륙을 지배하던 1866년에 중국 광둥성의 샹산이라는 마을에서 태어났다. 만주족이 지배하던 청나라 수도 베이징에서 남쪽으로 무려 2,000킬로미터나 떨어진 광둥성이니, 청의 지배력이 미치기 힘든 곳이었다. 쑨원은 한족漢族이며 광둥어를 사용하는 문화에서 성장했다. 아버지는 가난한 농부로서 낮에는 소작 농사를 짓고 밤에는 마을을 순찰하는 일을 했다. 고구마를 주식으로 먹었던 쑨원은 여섯 살 때부터 아버지의 농사를 도왔으며, 아홉 살에 마을의 서당에서 한학을 배웠다.

광둥성에는 이미 서양 열풍이 불고 있었다. 홍콩이나 마카오 등을 통해 서양문물이 들어왔으며, 많은 광둥 사람들이 외국으로 나갔다. 쑨원보다 열두 살 위인 큰 형 쑨메이도 1871년에 하와이로 갔는데, 그는 고생 끝에 하와이에 자리를 잡고 그곳에서 농장과 상점을 경영한다.

그런 형 덕분에 쑨원도 열세 살에 하와이로 간다. 하와이에서 쑨원은 형의 도움으로 영국성공회 학교에 들어가 영어와 서양학문을 배운다. 그는 영어를 빨리 익히고 미국문화에 적응한다. 서양문물의 매력에 빠진 그가 기독교 세례를 받으려 하자, 형이 반대하여 그는 귀국하게 된다. 청소년기의 4년간을 하와이에서 보낸 쑨원은 중국이 변화하여 세계로 나아가야 한다는 생각을 갖게 되고, 그때 받아들인 민족의식과 기독교 신앙과 세계적 시각은 평생 그의 사상의 기저를 이루게 된다.

최초의 양의사가 되다

고향으로 돌아온 쑨원은 미개한 조국의 현실에 개탄하고 홍콩으로 간다. 그는 홍콩에서 서양식 학교에 들어가 서양식 교육을 받고 기독교 세례를 받는다. 쑨원은 1887년에 최초의 서양 의학교인 서의서원西醫書院에 제1회 입학생으로 들어간다. 서의서원에 다니던 시절에 쑨원은 친구 네 명과 함께 청나라에 대한 반역을 꿈꾼다. 그들은 태평천국太平天國을 세워 청나라에 대적했던 홍수전을 우러러, '4인의 무법자'라는 뜻의 '사대구四大寇'라는 결사를 결성한다. 네 명은 힘없는 청년들이었지만 멸만흥한滅滿興漢 즉 '만주족이 망하고 한족이 일어나야 한다'는 기치를 내세우고, 이는 쑨원의 평생을 통한 정치적 모토가 된다.

1892년에 쑨원은 최고 성적으로 서의서원을 졸업하는데, 1기 졸업생 중에서 의사면허를 받는 2인 중의 한 명이다. 그러자 마카오의 상인들이 의사가 된 쑨원을 초청했다. 쑨원은 마카오에 중서약국中西藥局이라는 병원을 개업한다. 그의 병원이 번창하자 마카오의 한의사들과 포르투갈 의사들이 질시하여, 포르투갈령 마카오에서 그가 포르투갈 의사면허가 없는 것을 문제 삼는다. 그래서 쑨원은 광저우로 옮겨서 동서약국東西藥局을 개업한다.

중서약국

그렇게 개업의로 일하면서도 쑨원은 혁명운동을 멈추지 않는다. 1894년에 그는 청의 권력자 리훙장에게 개혁을 주장하는 편지를 쓰는데, 리훙장은 시골의 무명 양의사洋醫師의 말에 귀를 기울이지 않았다. 청일전쟁이 발발하자, 쑨원은 하와이로 가서 무장혁명을 일으킬 자금을 모은다. 이렇게 중국 내에서는 혁명을 도모하고 해외에서는 혁명자금을 만들며 외국인과 화교들에게 지지를 호소하는 이중적인 왕복활동을 일생 내내 반복한다.

1894년에 쑨원은 하와이에서 흥중회興中會를 결성하여, 이때 이미 미국을 모방한 공화제 국가를 조국에 세우자고 외친다. 귀국한 뒤에는 홍콩에서도 흥중회를 결성하는데, 1895년에 흥중회는 광저우에서 첫 번째 무장봉기를 결행하지만 실패한다.

중국의 젊은 혁명가들과 함께 한 쑨원.
앞줄 가운데.

개혁에 실패한 의사, 삼민주의를 내세우다

그리하여 쑨원은 1896년 런던으로 도피한다. 그는 중국 해외관원에게 체포되었다가 석방된다. 그때 그는 기자회견을 열어 중국의 실태를 세상에 알리고, 해외에서 중요한 중국 인사로 부상한다. 그 시절에 쑨원은 매일 대영도서관을 다니면서 많은 독서를 했는데, 정치, 외교, 법률, 경제, 군사, 농업, 광업 등 광범위한 분야를 독학했다. 마르크스 사상을 바탕으로 한 그의 '삼민주의三民主義'의 토대가 이때 대영도서관에서 만들어진 것이다.

1900년에 그는 다시 중국으로 돌아와서 두 번째 무장봉기를 일으키지만, 또다시 실패한다. 다시 해외로 나간 쑨원은 그 후로 하와이, 일본, 미국, 유럽 등지에서 화교와 유학생들을 대상으로 혁명사상을 전파하고, 혁명단체를 조직하고, 자금을 모은다. 또한 외국을 상대로 중국혁명의 당위성을 외친다. 1903년에는 일본에서 육군대위 히노 구마조를 초빙하여, 재일중국인 유학생 열네 명을 모아 군사학교를 열기도 했다. 1905년에 쑨원은 그의 사상을 대표하는 모토인 '민족民族, 민권民權, 민생民生'의 '삼민주의'를 발표한다.

　쑨원은 중국은 유럽처럼 자본가가 노동자를 착취하는 근대 자본주의 단계를 거칠 것이 아니라, 중세와 같은 지금의 상태에서 바로 사회주의로 넘어가야 한다고 주장했다. 그는 서구를 모방할 것이 아니라, 중국을 서구를 능가하는 최첨단 국가로 만든다는 '근대의 초극超克'을 내세워 평생 이를 추구했다. 그는 중국인에 대한 자부심이 높아서 중국인을 유색인으로 분류하지 않고, 인간을 백인, 중국인, 그 외 유색인의 세 종류로 분류했다.

중국 최초의 민주공화국 대통령이 되다

　1911년 청조에 반대하는 쓰촨성 사람들을 중심으로 동맹이 만들어진다. 청조가 무력으로 그들을 진압하려 하자 봉기가 일어나는데, 봉기가 확대되어 17개 성이 청조로부터 독립을 선언한다. 그들은 난징을 함락하고 임시정부를 세웠으니, 이것이 신해혁명이다. 그러나 청으로부터 구원 요청을 받은 위안스카이袁世凱가 이끄는 군대에 의해 진압당하고 만다. 신해혁명이 일어났을 때 쑨원은 미국에 있었다. 그는 재빠른 판단으로 6개 강대국의 입장을 확실히 해야 한다는 생각에 미쳤다. 그리하여 그는 영국과 프랑스로 달려가 지지를 받아낸다.

난징의 임시정부에서 17개 성 대표가 선거를 하여, 1912년 1월 1일에 쑨원을 중화민국의 초대 임시대총통으로 선출했다. 빈농의 아들로 태어나 빠르게 서양문물을 흡수하고 세계정세를 내다보면서 치열하게 공부한 45세의 남자가, 거대국가 중국 최초의 공화정부 대통령이 되는 역사를 이룬 것이다. 쑨원은 국호를 중화민국中華民國으로, 1912년 1월 1일을 중화민국 원년으로 정했다. 이렇게 아시아 최초의 민주공화국이 탄생했다.

그러나 혁명군은 위안스카이와 협상할 수밖에 없었다. 쑨원은 위안스카이에게 청조를 퇴위시켜 준다면 대통령 지위를 양보하겠다는 파격적인 약속을 했다. 이에 위안스카이는 청의 마지막 황제인 선통제 푸이를 퇴위시켜, 청조는 1912년에 멸망한다. 그러자 쑨원은 약속을 지켜서 위안스카이에게 대총통직을 물려주었다. 총통직을 쉽게 내어준 쑨원을 사람들은 이해할 수 없었다. 하지만 쑨원은 자신이 욕심을 버리는 길만이 중

중화민국 임시대총통이 된 쑨원

국을 살리는 길이라고 믿었다. 하지만 정권을 쥔 위안스카이는 약속을 저버린 채 독재정권을 수립하고 쑹자오런 등을 암살했다. 이에 쑨원은 군대를 일으켜서 위안스카이에게 대항하나 실패하고, 1913년에 일본으로 도피한다. 위안스카이가 황제로 등극하자, 사람들은 "쑨원이 이룬 혁명을 위안스카이가 도둑질해 갔다"고 말했다.

1916년에 위안스카이가 갑자기 병사하자 쑨원은 귀국한다. 1917년 광둥에서 비상 국회가 열리고, 쑨원을 대원수로 추대했다. 그러나 군사정부의 군벌은 쑨원과 생각이 달랐고, 분열 속에서 쑨원은 1918년 대원수를 사임하고 상하이로 망명한다.

1919년에 5.4 운동이 일어나자 쑨원은 정당에 대중성을 도입하는 것이 시급하다고 깨닫는다. 그래서 기존에 구상했던 '위로부터의 혁명' 노선을 버리고 '아래로부터의 혁명' 노선으로 선회하여 중화혁명당을 중국국민당으로 개칭한다. 이리하여 중국 대륙은 북쪽에는 북양 정부, 남쪽에는 쑨원의 광둥 정부로 양분되었다.

이러한 시기에 소련이 쑨원에게 접근했다. 1920년에 중국공산당이 창당되었지만, 소련은 그 힘만으로는 중국에서 혁명을 할 수 없다고 보았다. 따라서 소련은 중국 내부에서 협조자를 물색했는데, 낙점된 것이 쑨원이었다. 쑨원과 소련과의 관

계는 급속히 발전하여, 1923년 쑨원은 '중국국민당 개조선언'
을 발표한다. 그리하여 공산당 당원들이 대거 국민당에 입당하
게 되었다. 1924년에 쑨원의 주관으로 국민당이 공산당과 함께
하는 정부를 구성하여, 이른바 '제1차 국공합작'을 완성시켰다.
그러나 이듬해인 1925년 쑨원은 간암으로 베이징에서 58세의
나이로 세상을 떠났다.

양 체제에서 모두 받드는 국가의 시조

1928년 장제스가 북벌에 성공하자, 그는 베이징의 벽운사
에 안치되었던 쑨원의 유해를 난징으로 옮겨 다시 장례를 치
르고 중산릉中山陵을 만들어 다시 안장했다. 황제나 왕의 무덤에
쓰는 릉陵이라는 말을 붙인 것을 보면, 중국에서 쑨원을 얼마나
높이 평가하는지 알 수 있다. 오늘날 중화민국에서는 쑨원을
'국부國父'로 추앙하고 있으며, 그를 기리기 위해 타이베이에 국
부기념관國父紀念館을 세워 거대한 그의 동상을 모신다. 또한 중
화인민공화국에서는 혁명가로서 쑨원을 마오쩌둥에 버금가는
사상가로 평가하여 그를 '선행자先行子'라는 칭호로 부르고 있으
며, 국경절 등에는 대형 초상화가 천안문 광장에 걸린다.

이렇게 근대 중국에서 만들어진 민주국가와 공산국가라는
두 정치체제가 모두 아이러니하게 한 남자에 의해서 세워진 것
이다. 이것은 쑨원의 위대성이며, '독재 지향의 민주주의자'라

난징의 중산릉

타이베이의 국부기념관

는 말을 듣는 쑨원의 독특한 야누스적인 양면성의 결과다. 그러나 이 두 가지 모두 당시 어려운 형편에 있던 중국으로서는 어쩔 수 없는 필요성에 의해서 만들어진 것이며, 쑨원은 언젠가는 두 체제가 만나서 하나의 조국이 되리라고 내다보았다.

또한 쑨원은 대한민국 임시정부를 인정하고 지원한 지도자로서, 우리나라 정부는 그 공로를 인정하여 건국훈장 대한민국장을 추서하기도 했다.

동양인들의 가슴에도 세상을 위한 큰 길을

뉴욕의 차이나타운에는 콜럼버스 공원이 있다. 그 한쪽에 쑨원 광장Dr. Sun Yat-sen Plaza이라는 작은 광장이 있는데, 그곳에서 우연히 맞닥뜨린 쑨원의 동상은 인상적이었다. 미국인들의 머릿속에 있던 그간의 중국인 이미지와 이렇게 다를 수 있을까?

그는 결코 미국에서 철도 건설을 하거나, 식당 청소를 하거나, 만두를 굽는 그런 중국인의 이미지가 아니었다. 강인한 의지를 담은 당당한 표정과 꼿꼿한 자세는 동양철학과 서양과학으로 무장하고, 용기와 지성과 덕성을 모두 갖춘 모습이었다. 그 모습에 한동안 숙연해졌다.

동양인들도 그런 쑨원의 동상을 본다면, 분명 자신이 걸어온 길을 다시 돌아볼 만큼 잘 만들었다. 나는 그때 그것이 중국인들의 마음에 새겨진 쑨원의 모습이라는 것을 깨달았다.

뉴욕 쑨원 광장에 있는 쑨원 동상

그가 서 있는 기단에는 '천하위공天下爲公'이라는 네 글자가 새겨져 있다. '세상은 모든 사람의 것이다'라는 뜻이다. 이 문장을 읽는 젊은이라면 개인적 영달의 욕심이나 소시민적인 목표 같은 것은 불살라버리고, 더 큰 뜻을 세워야 할 것이다. 그리고 천하위공은 원래 '대도지행 천하위공大道之行 天下爲公'에서 나온 말이니, 그러기 위해서는 먼저 큰 길을 이루어야 할 것이다.

아서 코넌 도일
Arthur Conan Doyle

부단한 모험과 도전의 일생

셜록 홈스 시리즈를 창조한 아서 코넌 도일은 개업의였다. 그는 내원 환자가 없어서 남아도는 시간에 추리소설을 썼다. 문학수업을 받은 적도 없었지만, 헌책방에서 소설을 구해 읽던 의대 시절의 경험이 성공을 이루었다. 이것은 영국 중산층이 지닌 일반교양의 승리라고 일컬어진다.

세상에서 가장 성공한 탐정소설

추리소설 혹은 탐정소설이라는 장르를 좋아하는 사람에게 셜록 홈스라는 이름은 탐정의 대명사이며 그 이름이 바로 대표적인 소설들의 제목이다. 그가 주인공으로 등장하는 셜록 홈스 시리즈는 세상에서 가장 성공한 추리소설이다.

탐정 셜록 홈스는 글 속의 인물이지만, 수많은 사람들이 그를 실재하는 인물로 믿었다. 홈스가 탄생한 이래로 100년 동안 전 세계에서 홈스에게 보내는 편지가 답지할 정도였다. 함께 등장하는 왓슨 박사도 마찬가지였다. 그렇게 홈스라는 이름은 탐정이라는 보통명사가 되었다. 역사상 영어로 이름 붙인 인물 중에서 홈스는 햄릿이나 올리버 트위스트나 피터 팬만큼이나 잘 알려져 있다.

그 셜록 홈스를 탄생시킨 작가가 아서 코넌 도일 Arthur Conan Doyle, 1859~1930이다. 그는 작은 의원을 개업했던 개원의로서, 내원하는 환자가 너무 없어서 남는 시간에 소설을 썼다. 그것이 엄청난 성공을 거두어 그는 의사의 가운을 벗고 유명 인사가 된다. 그는 영국 국왕으로부터 기사작위를 받고 '서Sir'라는 칭호도 얻는다.

하지만 그 후로도 그는 보어 전쟁과 제1차 세계대전 등의 여러 전쟁에 군의관 내지는 자원봉사 의사 혹은 종군기자로 참여했으며, 평생을 통해서 의사로서의 지식과 정체성을 활용하여 조국에 기여했다.

공부보다는 예술과 스포츠를 좋아한 학창 시절

코넌 도일은 1859년 스코틀랜드의 에든버러에서 태어났다. 전통적으로 아일랜드계 가톨릭 중산층 가정의 후손인데, 조상 중에 작가, 화가, 만화가, 감정사 등이 많았다. 그런 것들이 분명 도일에게 예술적 소질을 물려줬을 것이라고 추측할 수 있다. 더욱 재미있는 것은 그 조상들이 순수예술이 아니라 만화나 삽화 등을 그리고 대중예술에 종사한 사람들이라는 사실이다. 그런 형질이 있었다면 도일에게는 도움이 되었을 것이니, 그가 활약한 추리소설도 순수문학이 아닌 대중문학의 한 장르인 것이다.

그의 할아버지나 삼촌들은 그런 자신들의 직업에서 성공했지만, 유독 그의 아버지만은 알코올 중독으로 자리를 잡지 못했다. 아버지가 정신병원에 입원하여, 도일은 어린 시절부터 가난을 벗어나지 못했다. 도일은 큰 아버지의 도움으로 중고등학교에 진학했다. 거기서 두각을 나타내는 아이는 아니었고, 강압적인 학교생활에 적응하지 못하여 답답하고 힘든 청소년기를 보냈다. 문학적으로도 특별히 뛰어난 재능을 나타낸 것은 아니었다. 대신에 그는 체육에 소질을 보였는데, 스포츠는 평생을 두고 그가 즐겼던 취미였다.

에든버러 의대 시절

그러던 그는 어머니의 권유로 에든버러 대학에 진학하여 의학을 전공했다. 그런데 그가 집에서 의대까지 걸어 다니는 통학로 중간에 고서점古書店 거리가 있었다. 의대생활 역시 재미가 없었던 차에 그는 오고가는 길에 고서점에서 부담 없는 헌책을 사서 읽곤 했다. 그중에 호메로스나 타키투스의 고전에서부터 앨런 포의 소설 등을 많이 읽었는데, 이것들이 나중에 그를 성공하게 만드는 작업의 기초가 된다.

환자가 없어서 남아도는 시간에 소설을 쓰다

대학을 졸업하고 의사가 된 도일은 취직할 병원도 마땅치

코넌 도일은 선의로 의사 생활을 시작했다.

않고 개업할 자금도 없었다. 그래서 그는 1880년에 선박회사에 선의船醫로 취직한다. 그것은 힘든 일이지만 그의 모험심을 자극하는 것이기도 했다. 그는 포경선捕鯨船을 타고 북극해까지 다녀오고, 상선商船을 타고 아프리카에도 간다. 그러나 말라리아에 걸려 배를 내린 그는 의대 동문과 작은 의원을 열지만 실패하고 헤어진다. 그래서 포츠머스 교외에서 다시 작은 의원을 개원한다. 그러나 8년간의 개원 내내 환자도 적고 수입도 미미했다.

그리하여 그의 표현대로 "진찰실에서 환자를 기다리는 주체할 수 없이 남아도는 시간을 때우기 위해서" 단편소설을 쓰기 시작한다. 1882년에 첫 단편소설을 10파운드, 지금의 우리

개업의 시절의 코넌 도일

돈으로 치면 1만 5,000원 정도에 판다. 이 정도의 푼돈도 그에게는 가만히 있는 것보다는 나은 것이었다. 그래서 그는 부업 삼아서 틈틈이 소설을 쓰는데, 그의 단편들이 실리는 책들은 작가의 이름조차 적히지 않는 책들이었다.

그래서 그는 처음으로 자신의 이름을 걸고 장편소설을 써서 1887년에 출판한다. 이것이 나중에 셜록 홈스 시리즈의 바탕이 되는 첫 소설 『주홍색 연구A Study in Scarlet』다. 반응은 미지근한 편이었지만, 도일이 계속해서 소설을 쓸 이유는 되었다. 그는 이어서 앞의 소설 속의 탐정인 셜록 홈스가 다시 등장하는 두 번째 소설인 『네 개의 서명The Sign of Four』을 출판한다. 그렇지만 도일은 자신의 생각으로나 남이 보기에도 아직 의사였다.

셜록 홈스 시리즈의 탄생

의사로서의 도일에게 두 가지 특이한 에피소드가 있다. 하나는 로베르트 코흐가 결핵치료법을 발견했다고 발표하자, 코흐의 강연을 들으러 베를린까지 갔던 일이다. 하지만 입장권이 없어서 강연에 참석하지 못했다. 대신에 그는 코흐의 집까지 찾아가 결핵치료법에 관한 원고를 구한다. 원고를 검토한 도일은 자신의 견해를 신문에 투고하여, "코흐의 이론은 완전하지 못하다"고 비판했다.

다른 하나는 안과 의사가 되려고 빈의 안과병원을 찾아가 특별 코스에 참여한 것이다. 그러나 독일어도 몰랐던 그는 2개월 만에 이 코스를 그만둔다. 그런데도 그는 런던에 안과의원을 개원하여 실패한다. 베를린과 빈의 두 사건은 의사 도일의 용감하면서도 무모한 일면을 보여준다.

이렇게 도일은 갖은 시도를 해보지만, 의원은 여전히 실패만 거듭했다. 그리하여 도일은 환자가 없는 시간에 다시 소설에 열중하게 된다. 이때 그는 매번 새로운 소설을 구상해낼 것이 아니라, 같은 인물이 한 편마다 하나의 사건을 해결하는 방식을 착상해냈다. 그러면 전편을 읽지 않은 독자도 사로잡을 수 있다는 생각이었다. 그렇게 하여 이미 출간한 두 편에 등장했던 탐정 셜록 홈스를 주인공으로 내세워, '셜록 홈스 시리즈'가 탄생하게 되었다. 여섯 편을 한꺼번에 탈고하고 이것을 당시에 새로 창간된 잡지 『스트랜드 매거진The Strand Magazine』에 보여줬더니, 신선한 연재가 필요한 그들은 원고를 한 편당 35파운드(약 5만원)에 사들였다.

그리하여 1891년 7월 호부터 매달 한 편씩 연재가 실리기 시작했는데, 1회부터 폭발적인 인기를 끌었다. 연재 덕분에 잡지를 더 찍어야 할 지경이었다. 그리하여 도일은 잡지사 측의 요청으로 여섯 편을 더 계약하고 연재를 속개했다. 연재가 끝나고 12편을 모아서 1892년에 『셜록 홈스의 모험The Adventures of Sherlock Holmes』이라는 단행본이 세상에 나왔다. 이로써 도일은 유명 작가가 되고, 드디어 명성과 경제적 부를 모두 얻게 된다.

독특하고 무모하며 과감한 행보

그러던 와중에 영국의 식민지였던 남아프리카에서 보어 전쟁이 벌어진다. 영국 정부는 남아프리카에 있던 네덜란드 이민자의 후손인 보어인들이 영국을 도발하게끔 전략을 세웠다. 이렇게 발발한 보어 전쟁이 확전되자, 영국 정부는 인도인 병사들을 파병한다. 정부의 이러한 행보에 대해서 영국에서는 여론이 격렬하게 나뉜다.

이제 유명 작가가 된 도일은 앞장서서 참전을 선언한다. 그러나 징집 연령을 넘은 그가 정규군에 들어갈 수 없게 되자, 그는 의사 자격으로 의료봉사단원으로 참가한다. 그는 남아프리카에서 부상병 치료에 맹활약을 한다. 전쟁이 끝나자 영국으로 돌아온 그는 유명세를 발판으로 정계에 진출하지만, 선거에서 낙선한다. 역시 무모했던 것이다.

보어 전쟁에서 보어인 민간인이 2만 명 이상이나 희생되자, 국제적으로 영국을 비난하는 목소리가 높아갔다. 그러자 도일은 영국군을 옹호하는 소책자 「남아프리카 전쟁의 원인과 경과」를 자비로 출판한다. 이 책은 제국주의와 국수주의적 견해가 심하고 객관성에도 문제가 있었지만, 영국 정부와 지지자들의 열광적인 호응을 얻는다. 그리하여 정부의 지원금과 지지자들의 성금이 모여, 이 소책자는 6주 만에 30만 부를 찍는다. 이 활동으로 그는 1902년 국왕으로부터 기사 작위도 받는다.

도일은 다시 소설의 집필로 돌아온다. 먼저 그는 이미 사망한 것으로 끝냈던 셜록 홈스를 되살려내라는 독자들의 열화와 같은 요구로, 홈스를 다시 살려내는 수밖에 없었다. 그리하여 홈스가 사망한 시점보다 이전에 일어난 사건들로 설정한 『바스커빌 가문의 개 The Hound of the Baskervilles』를 『스트랜드 매거진』에 연재하여 다시 인기를 드높인다. 이어서 다음 연재에서는 하는 수 없이 홈스를 아예 부활시킬 수밖에 없었는데, 그것이 13편으로 된 연재물 『셜록 홈스의 귀환 The Return of Sherlock Holmes』이다.

지금 코넌 도일이라고 하면 당연히 셜록 홈스 시리즈를 연상하고 다른 소설들은 거의 사라져버린 상태다. 하지만 생전에

코넌 도일은 진료를 하는 동안에 어디서도 펜을 놓지 않았다.

코넌 도일의 『셜록 홈스』 시리즈

도일은 추리소설뿐만 아니라 여러 분야에 관심을 가져 심령소설, SF소설, 역사소설 등 다양한 장르의 소설을 썼다. 특히 역사소설에 애착이 많았으며, 생전에는 『백색 군단』 등의 역사소설도 어느 정도 성공을 거두었다.

　추리소설 분야에서 셜록 홈스 시리즈가 남긴 영향은 실로 크다. 지금 추리소설이라면 우리가 당연히 떠올리는 암호, 죽을 때 남기는 다잉 메시지, 독살, 일인이역, 시신 바꿔치기, 위장살인, 예상 밖의 무기, 예상 밖의 은닉처 등 기본적인 추리물의 트릭 구도들을 거의 다 만들어내고 정착시킨 것이 바로 셜록 홈스 시리즈다. 또한 이 시리즈는 문체가 간결하고 쉬워서 가독성이 좋고, 구성이 단순하면서도 흡입력이 있으며, 소재들은 흥미롭고 반전이 확실하며 내용은 함축적인 많은 장점을 가지고 있어 이후 추리소설 작가들에게 규범이 되었다.

도일은 상업적으로 크게 성공한 작가였고, 소설 자체의 평가도 좋다고 할 수 있다. 그런데 그는 다만 작가로서의 업적만이 아니라, 당대에는 유명인으로서 사회적 책무도 열심히 수행했다. 그는 여러 전쟁에 참전했고, 군의관이나 의료봉사자로 아니면 임시통신원 등의 역할을 수행했다. 그런 그의 용기와 행동만은 높은 평가를 받아 마땅하다.

그러나 도일을 평가하는 데에 문제가 되는 것은 그의 사상이다. 결론적으로 그는 국수주의자이자 제국주의자로서, 우리처럼 식민 지배를 받았던 입장에서는 불편한 점이 있다. 즉 그는 "대영제국의 확대가 세계에 선善을 퍼뜨린다"고 믿었던 사람이다. 또한 영국적 기사도 정신을 신봉한 그는 영국에 대한 믿음과 충성을 부르짖었다. 기사도란 얼핏 정의로운 것으로 비춰지나, 중세의 기사도에는 남녀차별 등 요즘은 받아들이기 어려운 정신들도 깔려 있다. 그것이 그의 역사소설들이 사라진 요인의 하나이기도 하다. 즉 그는 여성참정권도 반대했는데, 그것 때문에 여권이 신장된 미국에서는 그의 방문을 반대하기도 했다.

불굴의 정신으로 결국 성공을 이루어낸 교양인

의사 출신의 작가들은 문재文才가 넘쳤거나 문학이 너무 좋아서 작가가 된 사람들이 많다. 하지만 도일은 개업의로 시작하여, 다만 환자가 없는 시간을 때우기 위해서 글을 썼던 경우다. 정규적인 교육 외에는 어떤 문학적 수업이나 훈련을 받은 바도 없지만, 영국 중산층이 가진 일반 교양교육의 승리라고 할 수 있는 결과물을 만들어냈다. 가난한 학창 시절에 헌책을 닥치는 대로 읽었던 것이 그의 상상력의 보고寶庫가 되고 작법作法의 원천이 되었다고 할 수 있다. 그는 스스로 "내 머릿속에 들어 있는 세 가지 분야는 의학, 문학 그리고 철학(정치적 사상이 포함된 것을 말한다)이다"라고 말한 바 있다.

의사로서 개업의에는 실패했지만, 도일은 자신의 의술이 필요한 현장에 마다하지 않고 투신한 인물이다. 그런 그의 바탕은 역시 불굴의 용기였다고 할 수 있다. 결론적으로 그는 인생이라는 정글 속에서 두려움을 모르는 모험가였다.

그는 개인적으로 두 번의 결혼으로 두 명의 좋은 부인(분명 인간적으로는 그보다도 낫고 선량하고 그를 사랑하여 잘 내조해준)을 만났으며, 두 번 다 사별했고 모두 다섯 명의 자녀를 두었다.

중년 이후로 심장이 좋지 않아 종종 심장발작을 일으켰던 그는 의사답게 자신의 죽음을 감지했다. 시골집에서 요양하던 그는 가족에게 자신의 침대를 서식스의 평원이 보이는 창가로 옮겨달라고 부탁했다. 침대를 옮긴 후 한 시간 만에 그는 자녀들이 지켜보는 앞에서 조용히 숨을 거두었다.

평생 모험가였고 용감한 인간이었던 도일은 죽기 며칠 전에 이런 글을 남겨놓아, 죽음 앞에서도 마지막까지 두려움 없는 용기를 보여주었다. 아마도 이것이 그가 쓴 글 중에서 최고의 글이 아닐까.

사람들은 내가 많은 모험을 했다고 말한다.
그러나 이제부터
가장 크고 빛나는 모험이 나를 기다리고 있다…….

서재필
徐載弼

애증 속에 간직했던 뜨거운 조국애

서재필은 갑신정변에 참여한 혁명가였고, 『독립신문』을 발간한 계몽가였으며, 조국의 독립을 위해서 부단한 노력을 기울였던 독립운동가였다. 그러면서 의사로서 미국에서 연구와 강의를 했고, 개업의 생활을 하면서 모은 전 재산을 조국의 독립운동에 바쳤다.

일생을 조국의 독립과 계몽을 위해서 살다

서재필徐載弼, Philip Jaisohn, 1864~1951이라는 이름은 다양한 이미지로 다가온다. 첫째, 조선 말기에 갑신정변을 일으킨 개화파 정치가였다. 둘째, 기울어가는 나라에서 최초의 신문인 『독립신문』을 창간하고 독립협회를 설립하는 등 계몽운동을 펼쳤다. 셋째, 일제 강점기에 해외에서 조국의 독립을 위해 애썼다. 넷째, 조국이 해방을 맞자 그는 '미군과 함께 귀국한' 사람이었다. 특히 마지막으로 귀국했을 때 그는 조국이 진정한 독립국으로 바로 서기를 갈망했으나, 결국 정치판에 밀려서 미국으로 떠난 뒤 다시 돌아오지 않았다.

그는 한 사람의 일생이 이렇게 길 수 있을까 하는 생각이 들 정도로 다양한 활동을 펼쳤고 많은 업적을 남겼다. 그리고 오랜 세월에 걸쳐서 여러 방면에서 많은 일을 했기에 그에 대한 평가도 다양하다. 그를 어떻게 바라보는가 하는 시각의 차이는 있겠지만, 나라를 위한 그의 충정과 노력을 부인할 사람은 없을 것이다.

서재필의 일생을 직업이라는 단어를 사용하여 열거하자면, 무엇보다도 혁명가였으며 독립운동가였다. 그러면서 군인이었고 언론인이었으며 정치가였고, 작가였고 또한 사업가였다. 그러나 그는 평생을 통해서 의사라는 직업을 바탕에 지니고 의업에 종사했던 의사였다. 그는 개업의로 활동했고, 의대에서 연구하던 의학자였으며 학생들에게 강의하던 의대 교수였다.

양자로 들어간 아이의 운명적인 교육과 교우

서재필은 1864년 전남 보성의 외갓집에서 동복군수(지금의 화순군 동복면)를 지낸 서광효의 셋째 아들로 태어났다. 외가에서 태어나서 자란 그는 일곱 살에야 친가인 충남 논산으로 이주했다. 그러나 친부모와 얼마 지내지도 못한 채로 아들이 없던 오촌 당숙 서광하의 양자가 되어, 대덕의 양부모 밑에서 자랐다. 양부모는 위세를 떨치던 집안이었다. 양어머니는 세도가 김온순의 딸이며, 양외삼촌은 이조참판 김성근이었다. 서재필은 양부모를 따라서 서울로 올라간다.

서재필은 어려서부터 키가 크고 기운이 세고 똑똑하며, 동네 아이들을 주먹으로 압도하는 등 패기가 넘쳤다. 그가 처음 나아간 관직도 무관武官이었으며, 해방 후에도 미군의 고문으로 귀국하는 등 그가 계속 관여한 관직은 무관이었다.

양부 서광하는 어린 재필을 보고 크게 될 재목이라 생각하고, 8세 때 그를 이조참판이었던 처남 김성근의 집에 보내 공부를 시킨다. 그리하여 서재필은 다시 양외숙부의 집에서 숙식하면서 대갓집 자식들과 함께 수학했다. 재필은 김성근의 집을 드나들던 김옥균을 만난다. 김옥균은 재필을 친동생처럼 대했고, 재필은 김옥균을 멘토로 삼고 그를 통해서 박영효나 서광범 등 개화파와 교제한다.

서재필은 18세에 병과兵科에 급제한다. 그는 개화파들과 본격적으로 어울리는데, 리더인 김옥균보다도 열두 살이 어린 개화파의 막내였다. 서재필은 청년 열네 명과 함께 일본에 가서 신식 군사훈련을 받는다. 고국으로 돌아온 청년들은 고종에게 신식 사관학교의 필요성을 주창한다. 고종의 승낙으로 조련국操鍊局이 설립되고 서재필이 사관장士官長으로 임명된다. 그러나 수구파가 권력을 잡자 조련국은 폐지되고, 서재필 등 일본유학파는 궁궐수비대로 밀려난다.

일본에서 군사 교육을 받을 때의 서재필

갑신정변의 선두에 서다

1884년 김옥균을 중심으로 개화파는 일본유학파 생도들을 앞세워 갑신정변甲申政變을 일으킨다. 이때 서재필은 행동대장으로 선두에서 칼을 들고 지휘했다. 이 공로로 서재필은 병조참판에 임명된다. 그러나 청군의 개입으로 갑신정변이 3일 만에 실패로 끝나자, 그는 개화파들과 함께 일본으로 도피한다. 그리고 남은 서재필의 가족은 3족이 멸문당하는 참화를 입는다. 서재필의 부인은 관기官妓로 보내지게 되자 자결했고, 양부모와 생부모와 형제들도 하나도 남김없이 사약을 받거나 처형당하거나 아니면 자결했다. 일본에서 그 소식을 들은 서재필은 한 달을 대성통곡하며 식음을 전폐했다.

갑신정변 실패 후 일본으로 망명한 개화파.
왼쪽부터 박영효, 서광범, 서재필, 김옥균.

1885년 서재필은 샌프란시스코로 건너갔다. 돈도 없고 영어도 못하는 그는 막노동, 청소, 농장 일 등을 했다. 그러던 중에 미국 사업가의 도움으로 고등학교를 다니게 된다. 서재필은 아르바이트를 하면서 우등으로 학교를 마치고, 워싱턴 D.C.로 이주해 컬럼비안 대학에 들어간다. 마침 컬럼비안 대학에 야간 의학부가 개설되자 서재필은 의학부에 입학했다. 한편 그는 돈을 벌기 위해서 문구점 사업을 시작하여, 낮에는 사업을 하고 밤에는 의학을 공부하는 주경야독의 생활을 했다. 마침내 1893년 서재필은 의사가 된다. 그는 미국으로 귀화하여 한국인으로서 최초로 미국 시민권을 받는다. 그는 백인 여성 뮤리얼 암스트롱과 결혼하고 가정을 꾸린다.

10년 만에 미국인이 되어서 돌아오다

서재필은 1894년의 갑오개혁甲午改革으로 복권되고, 조선정부의 요청을 받아들여서 1895년에 귀국한다. 그러나 집안이 멸문하여 조선에 대해 부정적이었던 그의 태도는 사람들에게 충격을 주었다. 그는 미국인 경호원을 데리고 다녔으며, 국어를 잊어버렸다며 영어로 대화하고 영어로 연설했다. 그는 고종을 알현할 때에도 양복 차림에 안경을 꼈으며(당시에는 불경스러운 일이었다), 고종 앞에서 고개를 숙이지 않고 악수를 청하였고 어전에서 담배를 피웠다. 이에 사람들은 충격을 받고, 개화파들조차 경악했다.

서재필은 고종에게 연좌제와 고문을 폐지할 것, 문벌과 집안을 살피지 말고 인재를 등용할 것, 조정에서 인재를 키울 것 등을 건의했다. 그리고 조선이 자주국으로 살아갈 길은 청으로부터의 독립이라고 주장했다. 1896년에 조선정부는 총리대신과 같은 급료를 주는 중추원 고문이라는 자리를 만들어서 그를 임명했다.

이제 개화파 정부와 국고의 지원을 입은 서재필은 민중을 계몽하고 여론을 주도하는 것이 가장 시급하다고 판단하여 신문을 발간한다. 1896년 4월 7일 그는 우리나라 최초의 신문인 『독립신문』을 창간했다. 그는 직접 쓴 창간호 논설에서 이렇게 선언했다.

우리가 신문을 출판하는 것은 이익을 취하려는 것이 아닌 고로 값을 헐하게 하였고, 언문으로 쓰는 것은 남녀상하귀천이 모두 보게 하려 함이요, 띄어쓰기는 알아보기 쉽게 하도록 함이라. 우리는 바른 대로만 신문을 할 터이니, 정부 관원이라도 잘못하는 것이 있으면, 그의 행적을 펼 터이요, 사사백성이라도 무법한 짓을 하는 사람은 찾아내어 설명할 것이다…….

지금 읽으면 지당한 글이지만, 당시로서는 천지가 개벽하

의사로 활동하던 때의 서재필

『독립신문』 창간호

는 소리였다. 나중에 이날을 기념하여 4월 7일이 '신문의 날'이 되었다. 처음 300부를 발행했던 독립신문은 곧 3,000부를 넘겼다. 그리고 그는 독립협회를 창설한다. 독립협회는 이내 큰 단체로 발전하며, 국민의 개혁과 계몽을 추진한다. 독립협회는 지방자치를 주창하고, 노비제도 폐지를 주장했다. 또한 한글 사용의 확대, 영어 교육, 민주주의 계몽, 서양 예절의 홍보와 토론 문화의 보급 등 교육과 계몽에 선구적인 활동을 펼쳤다. 서재필은 청나라 사신을 영접하던 영은문迎恩門을 헐고, 그 자리에 파리의 개선문을 모델로 독립문을 세웠다.

독립문

서재필은 서울의 여러 학교에 출강하여 많은 강연을 펼쳤다. 그는 젊은이들에게 민주주의, 참정권, 인권, 사회계약론에서 토론 방법 등을 가르쳤다. 또 그는 만민공동회의 연사로서 지방 강연도 다녔다. 그는 청년들에게 미국 유학을 설파하여, 이승만과 김규식 등을 미국으로 보냈다. 이렇게 서재필이 활약한 2년 5개월은 우리 개화기의 전성기였으며 빛나는 희망의 계절이었다. 그 중심이 서재필이었던 것이다. 그러나 거기까지였다.

다시 미국으로 돌아가다

수구파가 다시 정권을 잡자 서재필에 대한 공격이 재개되었다. 그는 중추원 고문에서 해고되자, 독립신문을 윤치호에게 인계하고 1898년 미국으로 돌아간다. 미국에서 그는 미국-스페인 전쟁에 군의관으로 참전하기도 한다. 그리고 필라델피아 대학에서 해부학 강의를 맡고, 펜실베이니아 대학에서는 병리학 연구원으로 근무하는 등 의사로서 활동한다. 그러나 경제적인 이유로 의학을 접고 다시 사업을 시작한다. 그는 문구업과 인쇄업을 하는 회사를 세우는데, 사업이 번성하여 직원이 50명에 이르기도 했다.

그러다가 1919년에 서재필은 3·1운동의 소식을 접한다. 미국에 한인단체가 조직되어 서재필에게 대표를 맡아줄 것을 요청한다. 그러자 그의 애국심은 다시 끓어오른다. 이윽고 서재필은 미국의 신문과 잡지에 일본을 규탄하고 조선 문제를 호소하는 칼럼을 기고한다. 그리고 그는 사업으로 모은 전 재산을 독립운동에 바치고, 결국 사업은 파산한다.

그러자 그는 다시 의업으로 돌아간다. 62세에 펜실베이니아 의대에서 재교육을 받아 병리학 전문의가 되어 오랫동안 활동한다. 1941년 태평양 전쟁이 발발하자, 미국의 승리는 조국 해방으로 이어질 것이라 여겨, 77세에 징병검사관으로 미군에 들어가 자원봉사를 한다.

해방된 조국으로 돌아오지만

1945년 드디어 광복이 되었다. 미군정이 실시되고 이승만이 한국으로 돌아왔다. 이에 미군정청은 이승만을 견제할 인물이 필요하다고 판단하여, 서재필을 군정청 최고고문 겸 과도정부 특별의정관으로 초빙했다. 1947년 서재필은 84세의 나이로 조국을 떠난 지 49년 만에 돌아왔다. 이승만은 처음에는 그를 환영했지만, 이내 자신을 견제할 목적으로 미군정청이 보냈다는 사실을 알고는 그를 경원시했다.

서재필은 남한 단독정부 수립에 반대하고 남북협상을 지지하여, 이승만의 반대편에 선다. 그러자 흥사단 계열과 미국 출신 인사들은 이승만을 견제하기 위해서 서재필이 대통령이

해방 후 귀국한 당시의 서재필.
왼쪽은 김규식, 오른쪽은 여운형이다.

되어야 한다고 생각을 모은다. 서재필추대연합준비위원회가 발족하자, 이승만을 추종하는 독립촉성국민회에서는 서재필에 대한 악성 비난을 시작했다. 자신 때문에 나라가 분열되는 모습을 보자 서재필은 불출마를 선언하고, 모든 직책을 사임한 채로 다시 조국을 떠났다.

인천에서 미국으로 떠나는 유학생 32명과 함께 배를 타고 가던 그는 학생들에게 이렇게 말했다.

우리 역사상 처음 얻은 인민의 권리를 남에게 뺏기지 마라. 인민은 정부에 맹종하지 말고, 인민이 정부의 주인이며 정부는 인민의 종복이라는 것을 잊어서는 안 된다. 이 권리를 누가 빼앗으려거든 생명을 바쳐 싸워라. 이것이 평생의 소원이다.

미국에 가거든 쓸데없는 자들과 어울리지 말고, 군인들이 쓰는 비속어를 쓰거나 어깨를 으쓱하는 몸짓 같은 것들을 배우지 말고, 독립국 국민으로서의 긍지를 살려서 서투르더라도 점잖고 올바른 영어를 쓰도록 하라.

그는 미국에서 마지막 순간까지 진료 활동을 했다. 그러다가 1951년 1월 필라델피아에서 88세로 일생을 마쳤다. 이후 43년이 지난 1994년에 그의 유해는 조국으로 봉환되어, 동작동 국립현충원의 애국지사 묘역에 안장되었다.

세간의 분분한 평가

서재필에 대한 평가는 분분하다. 그를 가까이서 접한 사람은 열정적이라고 말하고, 미국에서 처음 귀국했을 때는 오만하고 냉정하다는 말을 들었다. 그러나 그는 독립협회를 만들면서 백성들 특히 젊은이들에게 뜨거운 애정을 보여주었다. 또한 유학생들이 그를 찾아가 도움을 청했을 때에, 그는 그들에게 나약하다며 냉대했다고 한다. 하지만 그에게 도움을 받았다는 유학생들도 적지 않았다. 그는 돈을 잘 버는 사업가적인 면모도 보였지만, 한번 뜻을 세우자 모든 재산을 독립운동에 바쳤다. 그러면서도 다시 또 의원을 개업했다.

그에 대한 이런 이중적이고 모순적으로 비쳐지는 이야기들은 그가 인간적인 사람이라는 것을 말해준다. 즉 그는 내면을 숨기지 못하고 있는 대로 표현하는 다혈질의 뜨겁고 순수한 인간이었던 것이다. 그는 조국으로부터 3족이 멸족당한 사람으로서, 황제 앞에서조차 섭섭함을 숨기지 못했던 것이다. 그는 조선 사람을 멸시한 것이 아니라, 같은 민족의 무지와 파렴치와 몰상식에 낯이 화끈거렸던 것이다.

그는 내심으로는 그렇게나 조국을 사랑했다. 하지만 그가 조국을 위해 몸을 바쳐서 일하려고 할 때마다 조국은 세 차례나 매몰차게 그를 내쳤다. 그러므로 그의 조국애에는 애증이 섞여 있었다. 부끄러움과 그리움이 반복되었던, 길고 긴 그러나 결코 끊을 수가 없었던 연애와 같은 것이었다.

지금과 같이 우리 사회가 분열된 시기에 혀로만 애국을 외치는 여러 인사들을 바라보면서, 이런 열정적이고 행동하는 혁명가가 있었음을 추억하고 그를 그리워한다.

조너선 밀러
Jonathan Wolfe Miller

두 개의 영역을 넘나든 경계의 삶

세계 오페라계에서 현대적 연출을 펼친 연출가 조너선 밀러는 의사였다. 그는 무대를 향한 열정을 평생 놓지 않았다. 그는 영국 최고의 연극 연출가이자 오페라 연출가, 배우, 방송인, TV 제작자, 진행자, 전시 큐레이터 그리고 출판인이자 저자로서의 삶을 의업과 병행하여 성공했다.

충격을 주었던 현대적인 연출

30년쯤 전, 라이선스 LP가 우리나라 클래식 감상의 주류였던 시절에, 국내에 처음으로 외국 공연을 담은 비디오테이프가 나왔다. 음반이 아니라 영상물이 나온 것이다. 지구레코드에서 나온 비디오는 세계의 주요 오페라하우스에서 상연된 오페라 공연들로서, 외국에 가보지도 못하고 해외공연을 본 적도 없던 나에게는 처음 접하는 신세계였다. 10여 개의 시리즈 중에서 대부분은 예상이 가능한 공연이었지만, 유독 하나만은 나의 눈(귀는 아니었다)을 번쩍 뜨이게 해주었다. 그것은 베르디의 〈리골레토〉였다.

〈리골레토〉는 빅토르 위고의 희곡을 원작으로 이탈리아의 고도古都 만토바를 배경으로 한다. 만토바의 젊은 공작은 광대인 꼽추 리골레토를 이용하여 여러 여성들을 농락하며 방탕한 생활을 즐긴다. 리골레토는 그런 공작을 돕고 부추기면서 총애를 받는다. 그런데 리골레토에게도 숨겨놓은 딸이 있었다. 결국 리골레토가 가르친 공작의 엽색행각은 자신의 딸 질다에게 미치게 된다……. 그리하여 리골레토는 공작을 향한 복수를 꾸미지만, 그 칼끝은 자기의 딸에게 돌아온다는 내용이다.

이런 〈리골레토〉인데, 정작 화면에 펼쳐지는 세상은 완전히 다른 것이었다. 무대는 현대의 미국 뉴욕이었다. 맨해튼에 있는 '리틀 이털리Little Italy' 즉 이탈리아 이민자들이 모여 사는

조너선 밀러가 잉글리시 국립 오페라에서 연출한 〈리골레토〉의 무대

동네에 마피아가 등장한다. 원작의 공작은 여기서는 공작이 아니라 마피아 두목이다. 그는 공작은 아니지만, 이름이 공작이라는 뜻의 '두카'다. 그러니 부하들이 "두카, 두카"라고 부르는 가사는 그대로 뜻도 통한다. 리골레토는 턱시도를 입고 술집의 바텐더로 나온다. 젊은 청년 두카는 미군 군복을 입고 군인으로 변장하여 리골레토의 술집에서 질다를 유혹한다. 출연자들은 중세 복장이 아닌 현대의 슈트와 군복을 입고서 노래한다.

처음 이 연출을 본 나는 흥분했다. "저 연출가가 대체 누구냐? 그는 천재다!" 지금은 이렇게 시대와 장소를 현대로 옮기는 연출은 국내에서도 놀랄 것이 아니지만, 30년 전에는 이런 무대가 거의 처음이었다. 실제로 이 연출은 1982년 런던의 잉글리시 국립 오페라ENO의 프로덕션으로, 당시 영국에도 충격을 던져준 기발한 연출이었다.

그 후로 배경을 현대로 바꾸고 가수들이 요즘 옷을 입고 등장하는 연출들은 세계의 여러 무대에서 봇물처럼 올라가기 시작했다. 그것은 오페라뿐만이 아니라 연극, 발레, 뮤지컬 그리고 판소리에까지 영향을 끼쳤다. 그러나 아류亞流란 아무리 해도 이류二流일 뿐이고, 처음으로 콜럼버스의 달걀을 제대로 세운 것은 〈리골레토〉였다.

부모님의 서재에서 시작된 인문적 의사

이 획기적인 프로덕션의 연출가는 영국의 오페라 연출가이자 연극 연출가이자 배우이자 방송인인 조너선 밀러Jonathan Wolfe Miller, 1934~2019다. 그는 또한 의사로서, 많은 의학연구를 하고 의학서적들도 출간한 사람이다. 그는 자신이 전공한 신경학적 지식과 철학 등의 인문학을 연출에 적용했으며, 자신의 시각을 자신만의 방식으로 표현했다. 그는 많은 라디오와 TV 프로그램을 연출했으며, 직접 출연도 많이 한 배우이자 코미디언이며 작가다. 그는 또한 영국에서 가장 널리 알려진 대중 지식인의 한 명이다.

밀러는 런던의 유대인 가정에서 의사인 아버지와 작가인

어머니 사이에서 태어났다. 의사로서나 연출가로서 활약한 그는 결국 아버지와 어머니의 양쪽에서 유전자를 골고루 물려받아, 두 가지를 잘 조합하여 만개시킨 셈이다. 아버지 이매뉴얼 밀러는 원래 철학자였고 인류학과 법학도 공부했다. 그러다 나중에 의사가 되었고, 범죄학을 전공했다가 법정신의학자이자 정신과 의사가 된 사람이다. 더불어 그림도 그리고 조각도 했다. 어머니 베티 밀러는 아일랜드 혈통으로, 전기 작가이자 소설가로 활동했다.

밀러의 어린 시절은 부모님의 서재에서 시작되었다. 철학책으로 가득 찬 방 안에서 어린 밀러는 스스로 책을 찾아 읽었다. 그는 학교에서 나중에 올리버 색스를 만나 친하게 지냈으며, 둘의 교제는 평생 이어졌다. 색스와 밀러는 둘 다 부모가 의사이며, 같이 신경학을 전공했고, 둘 다 책을 내고 유명 작가가 되었다.

웃기는 아이, 의사가 되어도 웃기기를 멈추지 않다

밀러는 어려서부터 남을 웃기는 데에 소질이 있었다. 특히 변화무쌍한 얼굴 표정과 남의 흉내 그리고 몸으로 웃기는 재주가 특출한 아이였다. 그러다가 고등학교 시절에 우연히 BBC 라디오에 출연하여 장기를 선보였는데 반응이 좋았다. 그 후로 그는 여러 코미디 프로그램에 초대되어 특유의 재담과 표정과

조너선 밀러와 올리버 색스

몸동작 등을 선보였다.

밀러는 고등학교 때부터 생물학에 관심을 가져, 올리버 색스 등과 생물학 동아리를 만들었다. 그러면서 아버지의 영향으로 생물학에 철학적 관념을 접목시키게 된다. 이런 점에서 사람들은 밀러와 그의 아버지를 '르네상스적인 박학다식한 사람'이라고 부르지만, 밀러는 대신에 "원래 학문이라는 것은 대학의 학부처럼 딱딱 나눠져 있는 것이 아닌데, 사람들은 한 가지만 공부하고 그것으로 결론을 찾으려 한다. 그런 태도가 편협한 것이다"라고 말한다.

옥스퍼드에 들어간 색스와 달리 밀러는 케임브리지 대학에 진학하고, 학부에서 자연과학뿐 아니라 역사와 철학을 공부한다. 이어서 그는 케임브리지 의대에 진학한다. 케임브리지를 다니는 동안에도 그는 학교 연극부에서 배우와 연출을 맡았으며, 주말에는 아르바이트로 카바레에서 공연하고, 라디오와 TV에도 출연했다.

의대를 졸업하고 의사가 된 밀러는 런던에서 소화기내과 수련을 밟는다. 수련을 마치자 1960년에 밀러는 대학 친구들과 「피상을 넘어서」라는 공연으로 에든버러 페스티벌의 프린지 부분에 나간다. 이 풍자극은 크게 히트를 치고 그를 세상에 알린다. 다음부터는 탄탄대로였다. 이 작품으로 런던과 뉴욕을 포함하여 3년간 영미 각지에서 투어 공연을 하게 된다.

의대 시절 연극 클럽 활동을 할 때 엘리자베스 여왕으로 분장한 밀러

밀러는 1962년부터 상업적 연극에서도 연출을 맡게 된다. 특히 그는 코미디에서 특기를 보였다. 그는 코미디에 대해 "유머는 사람들이 억압된 것을 분출하는 것이 아니라, 잊힌 것을 의식의 수면으로 끌어올리는 것이다. 유머는 우리 일상 속에 존재하는 부조리다"라고 개념을 정리했고, 코미디에 관한 책도 썼다.

「피상을 넘어서」 공연 멤버. 제일 오른쪽이 밀러.

1964년에 그는 뉴욕에 진출하고 1966년에는 BBC의 TV드라마 「이상한 나라의 앨리스」의 대본을 쓰고 연출한다. 이것은 그의 대표적인 프로덕션으로 지금도 DVD로 구할 수 있다. 그러면서 그는 의사로서의 공부를 멈추지 않아, 의학사醫學史 펠로십을 받는다.

세계의 오페라극장을 누비며

1974년에 밀러는 영국의 켄트 오페라와 계약을 맺어 모차르트의 〈코지 판 투테〉로 오페라에 처음 진출한다. 그리고 1975년에는 보다 권위 있는 글라인드번 페스티벌에서 야나체크의 〈영리한 암여우〉를 연출한다. 1978년에는 잉글리시 국립 오페라에서 모차르트의 〈피가로의 결혼〉을 연출하는데, 그 후로 밀러는 이 극장과 밀접한 관계를 유지하며 많은 연출을 남긴다. 1982년에 그는 잉글리시 국립 오페라에서의 두 번째 〈리골레토〉를 연출하는데, 이것이 앞서 소개한 '뉴욕 마피아 리골레토'다. 이 작품으로 밀러는 오페라계에서도 중요한 연출가로 자리 잡고, 20세기 후반 오페라계에 중요한 프로덕션들을 줄줄이 남긴다.

〈리골레토〉에서 보여준 '동시대 오페라'는 지금은 쉽게 받아들이고 있지만, 당시에 그는 많은 질문을 받을 수밖에 없었다. 그는 "사람들은 오페라를 원래 공연했던 대로 해야 한다고 주장하지만, 당대에 어떻게 공연했는지는 실제로 아무도 모른다. 그러므로 원작의 연출은 복원할 수 없다. 게다가 복원하더라도, 우리가 물려받은 텍스트의 의미는 이미 달라졌다. 작품에 대한 생각이 당시와 달라졌기 때문이다. 우리는 당시의 대본을 이제 다른 목적으로 사용하는 것이다. 그것이 현대의 공연이다"라고 말했다.

1980년대 이후에는 그와 같은 연출은 오페라에서나 연극에서 거대한 흐름이 되었다. 이런 방식으로 밀러가 셰익스피어의 「베니스의 상인」을 19세기 은행가들의 세계로 연출하자, 샤일록을 맡았던 로렌스 올리비에가 극찬을 보냈다. 또한 푸치니의 〈토스카〉를 1940년대 파시즘 시대로 옮겼으며, 〈라 보엠〉은 무대를 1930년대로 만들었다.

연극 공연에서 배우에게 연기 지시를 하는 밀러

    1991년에 밀러는 뉴욕으로 건너간 뒤 메트로폴리탄 오페라에서 야나체크의 〈카탸 카바노바〉를 연출한다. 1991년에는 오페라의 메카인 밀라노의 라 스칼라 극장에서 푸치니의 〈서부의 아가씨〉를 연출한다(이것도 DVD로 남아 있다). 또한 1992년에 오마하 오페라극장에서 로시니의 〈에르미오네〉를 연출한다. 이 오페라는 트로이 전쟁 직후를 배경으로 하지만, 밀러는 남북전쟁이 끝난 미국을 배경으로 만들었다. 미국의 관객들은 이 이야기가 고대의 그리스가 아니라 자기 주변에서도 있었을 법한 것으로 가깝게 느끼게 되었다.

그 외에도 밀러는 세계 곳곳의 주요 극장에서 많은 오페라를 연출했다. 밀러가 40여 년 동안 세계의 여러 극장에서 창조해낸 새로운 오페라 프로덕션만 50편이 넘는다.

의학과 미디어를 결합하다

1978년에 밀러는 다시 의사라는 정체성으로 돌아온다. 그는 BBC-TV의 13부작 시리즈 「몸을 의심하다The Body in Question」에 출연하여 유명해진다. 그는 여기서 '우리의 몸을 구성하는 것이 무엇인지, 몸이 어떻게 작동하는지'를 자신만의 접근법으로 대중에게 전달하여 성공을 거둔다. 「몸을 의심하다」는 나중에 책으로도 나왔고, 1983년에는 대중을 위해 쉽게 그린 인체 해부도판 『인간의 몸The Human Body』을 출판한다.

 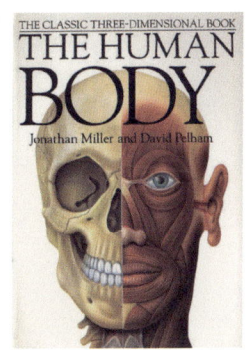

BBC 시리즈 「몸을 의심하다」와 밀러의 저서 『인간의 몸』

1984년에 밀러는 예술계의 커리어를 잠시 내려놓고 캐나다 해밀튼의 맥마스터 대학에 가서 신경심리학을 공부한다. 그리고 영국 서식스 대학의 인지연구과에서 신경심리학 연구원으로 연구 활동을 했다. 이후로 그는 의학의 영역에서 대중을 위한 기발한 프로그램들을 제작한다. 1990년에는 BBC에서 농자聾者의 수화手話에 관한 4부작 프로그램「타고난 말하기Born Talking」를 쓰고 제작한다. 1991년에 그는 자신이 연구한 신경학적 성과를 정리하여, TV시리즈「광기Madness」와「반사Reflection」등을 제작한다. 2004년에는 파격적인 TV시리즈「무신론Atheism」을 쓰고 연출하여, 인간의 불신不信의 역사를 정리한다. 이 프로그램은 사회적으로 큰 파장을 일으켜서, 다시 토론이 포함된 6부작「무신론의 끈The Atheism Tapes」으로 발전한다. 그리고 미국에서는「세상은 신을 무엇이라고 생각하는가What the World Thinks of God」로 방송되었다.

2007년에 밀러는 연극계로 돌아와서 체호프의「벚꽃 동산」을 연출하여 호평을 받는데, 이 프로덕션은 10년 이상이나 공연된다. 밀러는 미술과 사진 등 시각예술에도 관심이 많았다. 그는 런던의 내셔널 갤러리 등 주요 미술관에서 열린 여러 전시의 큐레이팅도 맡았다.

두 개의 분야를 마음대로 넘나들었던 인생

이렇게 예술계와 의학계를 번갈아 넘나들었던 밀러의 행보는 놀라운 것이며, 엄청난 재능의 소산이라고 말할 수밖에 없다. 그러나 두 개의 영역에서 밀러는 모두 환영만 받은 것은 아니었다. 우리나라도 그렇지만, 영국 사회에서는 한 영역에서 인정받기 위해서는 어떤 관문을 통과하고 학위나 자격증 같은 형식을 갖추어야 한다고 생각한다. 그러니 밀러처럼 경계를 넘나드는 사람을 기득권이 인정하기란 쉽지 않은 것이다.

도리어 밀러 같은 인물이 두 가지 영역의 경계를 넘으면서, 영역 사이의 연관관계를 볼 수 있는 것이다. 하지만 각 분야의 기득권은 밀러 같은 경우를 못 본 체하거나 배척한다. 이에 밀러는 "유감스럽고 슬픈 일이다"라고 말했다.

밀러는 "나는 두 개의 불火 사이에 끼어 있었다. 질투를 받거나 경멸을 당한다. 양쪽 모두 나를 이상하게만 볼 뿐, 나를 환영하지 않는다. 그들은 나를 재주는 많지만 제대로 하는 것은 하나도 없는 사람처럼 본다"고 말한다. 그는 사실 두 가지 영역에서 모두 최고였지만, 어디서나 아웃사이더로 여겨졌던 것이다.

그렇지만 자신의 행로를 자랑스럽게 생각하고 자존심이 높았던 밀러는 이렇게 말한다. "그런데 말이죠. 저를 그렇게 비난하는 사람들은 솔직히 한 가지 재주도 제대로 없는 사람들이었습니다……." 밀러는 자신이 평생 두 가지 분야에서 활동한 것이 다만 편한 것만은 아니었으며, 회한은 남는다고 말했다.

불편하지만 참을 만했습니다. 저의 일생은 그 불편함에 헌신한 것입니다.

밀러는 만년에 알츠하이머병으로 오래 투병했다. 그러다가 2019년에 85세의 나이로 런던에서 남들보다 몇 배의 세상을 살았던 삶을 내려놓았다.

올리버 색스
Oliver Wolf Sacks

임상을 글로 남기는 전통을 살려내다

그는 임상에서 얻은 체험을 예술적인 책으로 써내어, 의학의 고마움을 세상에 알린 의사였다. 베스트셀러 작가이자 현대의학의 계관시인으로 불렸던 그는 암에 걸려 의사에서 환자로 신분이 바뀔 때에도 글을 썼고, 숨을 거두는 순간까지 가장 존엄하고 아름다운 삶의 태도를 보여주었다.

세계적인 베스트셀러를 쓴 의사

우리나라에서도 히트를 친 세계적인 베스트셀러『아내를 모자로 착각한 남자The Man Who Mistook His Wife for a Hat』와『깨어남Awakenings』 등을 저술한 사람이 색스다. 어떤 이들은 그를 의사로 생각하고, 어떤 이들은 논픽션 작가로 생각하며, 또 어떤 사람들은 소설가로 알고 있기도 한다.

여기서 그를 다루는 것은 그가 의사 출신으로서 작가가 된 사람이기 때문이다. 그런데 그의 저작들, 특히 그를 유명하게 만든 책들은 그가 신경과 전문의로서 실제 임상에서 겪었던 환자들의 증례를 기술한 것들이 대부분이다.

그런데 그의 책들은 의학 분야가 아니라 문학이나 논픽션 분야에서 호평을 받았다. 의사가 썼고 의학적 책들이지만, 처음 영미 의학계에서 그의 책들은 칭찬은커녕 무시를 당했다. 이것은 지금 우리나라의 경우도 크게 다르지 않다.

그의 저작은 손꼽을 정도의 훌륭한 임상사례집인데도 불구하고, 국내 의사들 중에서 그의 책에 주목한 사람이 많지 않은 것이 사실이며, 어쩌면 많은 의사들이 그런 책의 존재조차 모르고 있을 것이다. 그에 대한 의학계의 무관심과 홀대는 그를 문학이나 인문학 쪽으로 몰아붙이게 되었고, 의사로서의 정체성을 가지고 좋은 의사가 되려고 했던 그를 안타깝게 만드는 요소가 되어버렸다.

의사란 원래 기록하는 직업이었다

그러나 생각해보자. 예로부터 의사들은 자신이 진료한 환자의 사례를 꼼꼼하게 기록하는 것을 당연한 의무로 여겼으며, 자신의 정확한 기록에 관해 자부심마저 가지고 있었다. 그러나 언젠가부터 컴퓨터를 이용한 처방과 기록이 보편화되면서, 의사들은 환자에 대한 기술을 점점 소홀히 하게 되었다. 이런 경향은 환자를 '영혼을 가진 전인적인 존재'로 보는 것이 아니라, '생리학적 수치를 가진 기계(색스의 표현이다)'로 보게 될 위험성을 높일 수 있다. 이러한 현실에서 자신의 증례에 뛰어난 지식과 빼어난 통찰력은 물론이고, 철학과 다른 과학까지 더하고, 환자에게 공감하는 능력을 가진 그의 글들은 그간 나태했던 의사들을 깜짝 놀라게 하여 다시 그들을 깨워 일으키는 자극제의 역할을 하기도 한다.

색스는 이렇게 말했다. "인간미 넘치는 임상체험을 글로 남기는 의사들의 습관은 19세기에 절정을 이루었지만, 신경학이라는 과학의 도래와 함께 쇠퇴했다."(『아내를 모자로 착각한 남자』 중에서) 그가 존경하고 자신의 롤 모델로 삼았던 러시아의 신경과 의사 루리야가 이렇게 말했다고 색스는 적는다. "글로 남기는 힘. 이것은 19세기 위대한 의사들의 보편적인 자질이었지만, 지금은 사라지고 말았다. 우리는 이 힘을 반드시 회복해야 한다."

참으로 맞는 말이다. 내 경우만 해도 전공의 시절에 연세

지긋한 교수님들이 쓴 아름다운 경과기록을 읽거나 크리스마스카드처럼 여러 색깔의 볼펜을 이용하여 정성껏 그린 외과 교수님들의 수술기록을 보고 감탄했던 시절이 있었다. 그것을 쓴 그분들에게는 다만 정확한 의사로서뿐 아니라, 공감과 위트가 넘치는 어른으로서의 품격을 느끼며 존경심이 우러나곤 했다. 그러나 컴퓨터가 나타나면서 의사들은 진정한 임상의 기술記述뿐 아니라 의사로서 자신의 감상과 소회를 쓰는 것을 잊어버렸다.

그것은 사례의 기록을 놓칠 뿐 아니라, 환자를 인간적으로 보는 시간을 없애고, 나아가서 의사 자신을 되돌아볼 수 있는 기회를 박탈하는 것이 아닐까? 그런 점에서 색스의 책들은 이 시대에 중요하고 의미심장하다.

의사가 되기 위해서 태어난 아이

올리버 색스Oliver Wolf Sacks, 1933~2015는 런던에 자리 잡은 리투아니아계 유대인 가정에서 네 아들 중의 막내로 태어났다. 그의 가계는 대대로 의학과 과학에 종사했고, 부모님 두 분도 의사였다. 색스는 어려서부터 의사인 어머니에게 의사가 가져야 하는 책임과 자질에 대해서 들었다. 그는 의사는 지식과 판단력은 물론이고, 인간에 대한 섬세한 통찰력이 있어야 한다는 것을 배웠다. 부모는 병명을 알아내는 것만 중요한 것이 아니라, 환자에게 '언제', '어떻게', '뭐라고' 말해줄 것인가에 대해 어린 아들과 대화를 나누곤 했다.

그의 아버지는 지역의 명망 있는 일반의였다. 아버지는 95세의 나이로 세상을 떠날 때까지 73년간 의사로 일하면서, 엄청난 양의 진료 차트를 보관해온 것에 자부심을 느꼈다. 마지막 순간에도 그가 돌보던 단골 환자가 2,000명에 달했다. 어머니는 산부인과 의사였는데, 나중에 외과 수련도 받아서 영국 최초의 여성 외과의사 중의 한 명이 되었다. 색스의 세 형 중에서 첫째와 둘째 형은 모두 의사가 되었다.

올리버 색스의 부모와 형제들.
앞줄 제일 왼쪽이 올리버 색스.

색스의 집에는 부모님의 커다란 서재가 있었다. 그곳에서 그는 아버지의 장서들, 특히 히브리 서적과 입센의 모든 희곡들(부모님은 의대생 시절에 '입센 동아리'에서 만났다)과 영국 시인들의 책 속에서 놀았다. 그는 그곳에서 스스로 키플링의 『정글북』을 발견하여 읽는 등 책의 정글 속에서 세상을 향해 지적 탐험을 했다. 의사이면서도 뛰어난 문장력으로 많은 책을 남긴 색스의 능력은 부모님의 서재에서 시작되었던 것이다. 색스는 자라면서 동네의 공공도서관에서 가장 행복한 시간을 보냈으며, 그는 마음대로 책을 고르고 원하는 테마를 공부할 수 있었던 도서관이 자신에게는 진짜 학교였다고 회고한다.

색스는 기숙학교에 들어갔는데, 강압적인 규율에 체벌까지 당하며 트라우마를 입는다. 그러나 다행히 그는 명문 세인트폴 학교에 진학한다. 거기서 그는 평생의 동반자가 되는 친구들을 만나는데, 그 한 명이 이 책에서 소개되는 조너선 밀러다. 색스는 어린 시절부터 박물관을 좋아했다. 책 속에는 실물이 없으니, 박물관이 진정한 책이라고 생각했다. 특히 런던의 사우스켄싱턴에 있는 네 개의 박물관이 그의 놀이터였는데, 그중에서 자연사박물관, 지질박물관, 과학박물관은 그의 단골이었다.

그는 1951년에 옥스퍼드 대학의 퀸스 칼리지에 진학한다. 옥스퍼드에서 그를 매혹시킨 곳은 도서관이었다. 그는 퀸스 칼리지 도서관에서 영국문학에 입문했다. 이것이 나중에 그의 문체를 결정하게 된다. 또한 여기서 그는 철학책들을 접하고 사고의 폭을 넓힌다.

방황했던 젊은 의사 시절

색스는 옥스퍼드를 졸업하고 의사가 되었다. 그가 미국으로 옮기는 사정은 특이한데, 공군군의관이 되고 싶어서였다. 그는 1960년에 몬트리올로 가서 캐나다 공군군의관에 지원하는데, 정신적 불안 문제 때문에 면접에서 탈락한다. 그때 면접관이 그에게 여행을 권유하여, 그는 그길로 캐나다 로키로 여행을 떠난다. 그러고는 내친김에 오토바이를 사서 타고 미국 서부로 간다. 그렇게 그는 샌프란시스코와 로스앤젤레스에서 신경과 전공의를 한다.

색스는 기숙학교의 트라우마 이후로 불안에 시달리고 있었으며, 그것을 극복하기 위해 온갖 행위를 서슴지 않았다. 그는 전공의 과정에서도 마리화나와 LSD 등에 빠졌으며, 오토바이를 타고 여러 번 사고를 내는 등 방종한 생활도 했다.

그러던 그는 뉴욕 브롱크스의 베스 에이브러햄 병원에 취직하여 뉴욕에 정착한다. 그는 이 병원의 신경과 의사로 1966년부터 1991년까지 25년간이나 근무한다. 그의 책에 나오는 많은 증례들은 대부분 이 병원의 사례들이다. 동시에 그는 알베르트

젊은 시절의 의사 올리버 색스는 오토바이나 운동에 집착했다.

베스 에이브러햄 병원의 의사 색스

아인슈타인 대학이나 뉴욕 대학 그리고 컬럼비아 대학에서 신경과 교수도 맡는다.

새로운 형태의 임상 기록들

색스는 자신이 경험한 환자들의 사례를 글로 쓰기 시작한다. 그의 글은 단순한 임상 케이스와는 달랐다. 그의 글쓰기는 신경학을 넘어 뇌과학, 과학사, 자연사 및 과학 제반 문제로 확장되었다. 또한 그는 임상 경험을 생동감 넘치게 묘사하고, 전문적인 설명을 더하고, 철학과 예술을 접목하는 것에서 나아가, 환자의 입장과 고통을 묘사하여 그때까지의 의학 저술들과 차별화되었다. 색스의 가장 중요한 특징은 의학에 철학과 예술을 결합시켜 높은 수준의 통합을 성취했다는 점이다.

게다가 그의 문장이 예술적이라서 의학적 입장의 비판자들은 "그의 글에서는 예술적 표현이나 언어유희를 뼈처럼 발라내야 한다"고 말하기도 한다. 하지만 이런 지적이야말로 색스의 글이 다른 책과 차별되는 장점이다. 색스의 문체는 그가 대학 때 애독했던 19세기 영국 스타일로서, 임상 보고서라기보다 소설처럼 읽힌다. 이것이 그가 대중의 인기를 얻은 비결이자 동시에 학계에서 배척되었던 요인이기도 하다.

그렇게 색스는 과학과 인문학이 아직 나누어지지 않았던 고대에서 타임머신을 타고 현대의 뉴욕으로 날아온 사람처럼 경계를 허물었다. 컬럼비아 대학에서는 그에게 과학과 예술을 이어주는 역할을 했다는 공로로 '컬럼비아 대학교 예술가'라는 칭호를 수여했다. 이 명칭처럼 그는 의사이자 동시에 예술가가 되었다. 『뉴욕타임스』는 그를 "20세기의 가장 위대한 임상저술가의 한 명"이자 또한 "현대의학의 계관시인"이라고 불렀다.

색스의 저작들은 일반인들에게 신경학을 알렸을 뿐 아니라, 젊은 의사나 의학도들에게도 신경학의 매력을 가르쳐주었다. 컬럼비아 대학에서 신경과를 지원한 인턴들을 대상으로 했

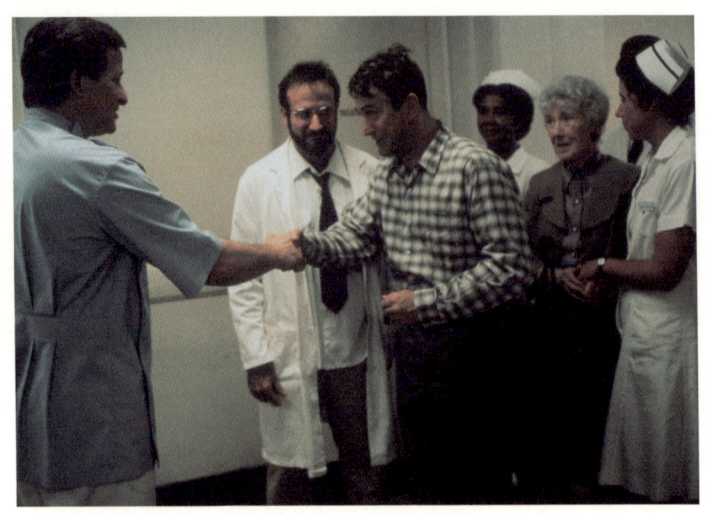
영화 「사랑의 기적」의 한 장면

던 설문조사에서 색스를 롤 모델로 생각하여 지원했다는 의사가 70퍼센트였다.

그를 제일 먼저 유명하게 만든 책은 『깨어남』이다. 베스 에이브러햄 병원에서 만난 환자를 기술한 이 책은 크게 히트했다. 1990년에는 우리말 제목으로 「사랑의 기적」이라는 영화로 만들어졌는데, 로빈 윌리엄스와 로버트 드니로가 주연을 맡았다. 『깨어남』은 발레음악으로도 작곡되었으며, 나아가 오페라로도 공연되었다. 색스는 미국의 예술 및 과학 아카데미 회원이 되었으며, 록펠러 대학에서 루이스 토머스 상을 받는 등 많은 상을 수상했다. 2008년 그는 영국 여왕으로부터 대영제국 3등급 훈장CBE을 받았다.

당당하게 받아들였던 고통의 만년

올리버 색스는 평생 혼자 살았다. 그는 자신이 동성애자인 것이 밝혀지는 것을 두려워했으며, 그것이 평생 그를 괴롭혔던 우울과 불안의 중요한 원인이었다. 그는 만년에야 자신이 동성애자임을 밝혔다. 『뉴욕타임스』의 필자 빌 헤이스와의 오랜 우정은 파트너십으로 발전했으며, 죽을 때까지 둘의 관계는 지속

올리버 색스와 빌 헤이스

되었다. 색스가 세상을 떠난 다음 2017년에 헤이스는 그들의 이야기를 담은 『인섬니악 시티: 뉴욕, 올리버 색스 그리고 나 Insomniac City: New York, Oliver, and Me』를 출간했다.

색스는 덩치가 크고 건장했으며 스포츠광이었다. 젊어서는 병원에서의 별명이 '닥터 스쿼트'일 정도였으며, 수영 챔피언이었던 아버지를 따라 평생 거의 매일 수영을 했다. 하지만 건장하던 그도 안구흑색종이라는 악성종양에 걸렸고, 한쪽 눈을 실명한다. 의사에서 환자가 된 그는 당시의 심정을 『마음의 눈The Mind's Eye』이라는 책으로 쓰고, 환자로서의 경험을 『장애의 일반적 느낌A General Feeling of Disorder』으로 저술했다.

2015년에 눈의 종양은 간으로 전이되고, 그는 『뉴욕타임스』에 자신에게 시간이 '몇 달'밖에 남지 않았다고 고백한다.

> 나는 내가 할 수 있는 한 가장 풍부하고 깊고 생산적인 삶을 살아왔다고 생각한다. 내가 바라는 것은 나에게 남겨진 시간 동안에 내가 할 수 있는 한 우정을 깊게 하고, 사랑하는 사람들에게 작별 인사를 하고, 더 많이 쓰고, 내가 힘이 있다면 여행하고, 그리고 이해와 인식의 새로운 차원에 도달하는 것이다.

『뉴욕타임스』는 "죽음을 앞둔 한 의사의 경이롭고 용감하고 솔직하고 가슴 뭉클하고 지극히 분별 있는 공개편지 시리즈를 연재한다"고 발표했다. 색스가 「나의 생애」라고 제목을 붙

시력을 잃어가던 만년의 올리버 색스

인 감동적이고 주옥같은 연재는 결국 네 편만 게재되고 중단된다. 이 연재물은 『고맙습니다Gratitude』라는 단행본으로 출간되었다. 그중 네 번째 마지막 에세이는 「안식일」이라는 제목으로 자신의 죽음을 그리고 있다.

한때 단단했던 근육이 암에 녹아내린 지금, 나는 갈수록 초자연적인 것이나 영적인 것이 아니라 훌륭하고 가치 있는 삶이란 무엇인가 하는 문제로 생각이 쏠린다. 자신의 내면에서 평화를 느낀다는 게 무엇인가 하는 문제로 안식일, 휴식의 날, 한 주의 일곱 번째 날, 나아가 한 사람의 인생에서 일곱 번째 날로 생각이 쏠린다. 우리가 자신이 할 일을 다 마쳤다고 느끼면서 떳떳한 마음으로 쉴 수 있는 그날로.

이 글을 쓰고 2주 후에 색스는 맨해튼의 집에서 친구들이 지켜보는 가운데 82세의 지칠 줄 모르던 일생을 마감하고 영원한 안식으로 들어갔다.

참고 서적 및 자료

조르주 클레망소
에밀 졸라 『나는 고발한다』, 유기환 옮김, 책세상
니콜라스 할라즈 『나는 고발한다: 드레퓌스 사건과 에밀 졸라』, 황의방 옮김, 한길사
메리 매콜리프 『새로운 세기의 예술가들: 1900~1918』, 최애리 옮김, 현암사
앙드레 모루아 『프랑스사』, 신용석 옮김, 김영사

영화
「장교와 스파이」, 감독: 로만 폴란스키

안톤 체호프
안톤 체호프 『체호프 단편선』, 박현섭 옮김, 민음사
안톤 체호프 『개를 데리고 다니는 부인』, 오종우 옮김, 열린책들
안톤 체호프 『체호프 희곡 전집』, 김규종 옮김, 시공사
안톤 체호프 『체호프 희곡선』, 박현섭 옮김, 을유문화사
안톤 체호프 『사할린 섬』, 배대화 옮김, 동북아역사재단
안톤 체호프 『나의 인생』, 남혜현 옮김, 작가정신

주세페 시노폴리

음반

시노폴리 〈루 살로메〉, 슈투트가르트 방송 교향악단, DG
말러 교향곡 전집, 필하모니아 오케스트라, DG
브루크너 교향곡 선집(교향곡 3, 4, 5, 7, 8, 9번), 드레스덴 슈타츠카펠레, DG
슈만 교향곡 2번, 빈 필하모닉 오케스트라, DG
멘델스존 교향곡 4번 〈이탈리아〉, 슈베르트 교향곡 8번 〈미완성〉, 필하모니아 오케스트라, DG
베르디 〈나부코〉, 피에로 카푸칠리 외, 베를린 도이치 오페라 오케스트라, DG

영상

베르디 〈맥베스〉, 베를린 도이치 오페라극장, 워너
바그너 〈탄호이저〉, 바이로이트 페스티벌, 유로아츠
슈트라우스 〈살로메〉, 베를린 도이치 오페라극장, 워너
푸치니 〈토스카〉, 뉴욕 메트로폴리탄 극장, DG

서머싯 몸

서머싯 몸 『달과 6펜스』, 송무 옮김, 민음사
서머싯 몸 『인간의 굴레에서』 1, 2, 송무 옮김, 민음사
서머싯 몸 『면도날』, 안진환 옮김, 민음사
서머싯 몸 『인생의 베일』, 황소연 옮김, 민음사
서머싯 몸 『어셴든, 영국 정보부 요원』, 이민아 옮김, 열린책들
서머싯 몸 『불멸의 작가 위대한 상상력』, 권정관 옮김, 개마고원

살바도르 아옌데

빅터 피게로아 클라크 『살바도르 아옌데: 혁명적 민주주의자』, 정인환 옮김, 서해문집
살바도르 아옌데 외 『기억하라, 우리가 이곳에 있음을』, 정인환 옮김, 서해문집
호안 E. 가르세스 『아옌데 그리고 칠레의 경험—정치라는 무기』, 김영석, 박호진 옮김, 클

카를로스 레예스 『아옌데의 시간』, 정승희 옮김, 로드리고 엘게타 그림,
　　아모르문디
영화
「산티아고에 비가 내린다」, 감독: 헬비오 소토

모리 오가이

모리 오가이 『아베 일족』, 권태민 옮김, 문학동네
모리 오가이 『기러기』, 김영식 옮김, 문예출판사
모리 오가이 『모리 오가이 단편집』, 손순옥 옮김, 지식을만드는지식
이기섭 『모리 오가이의 연구, 작가와 작품』, 시간의 물레
이기섭 『모리 오가이의 삶과 문학』, 시간의 물레

체 게바라

체 게바라 『체 게바라의 모터사이클 다이어리』, 홍민표 옮김, 황매
체 게바라 『체 게바라 시집』, 이산하 엮음, 노마드북스
체 게바라 『체 게바라의 볼리비아 일기』, 김홍락 옮김, 학고재
장 코르미에 『체 게바라 평전』, 김미선 옮김, 실천문학사
미요시 도오루 『체 게바라 전』, 이수경 옮김, 북북서
존 리 앤더슨 『체 게바라 혁명가의 삶』 1, 2, 허진, 안성열 옮김, 열린책들
영화
「모터사이클 다이어리」, 감독: 월터 살레스

게오르크 뷔히너

게오르크 뷔히너 『보이체크, 당통의 죽음』, 홍성광 옮김, 민음사
게오르크 뷔히너 『뷔히너 전집: 당통의 죽음, 보이체크 외』, 박종대 옮김,
　　열린책들
게오르크 뷔히너 『보이체크, 레옹스와 레나』, 임호일 옮김, 지식을만드는지식
임호일 『천재를 부정한 천재를 아십니까? 게오르크 뷔히너의 문학과 삶』,
　　지식을만드는지식

영상

베르크 〈보체크〉, 지휘: 블라디미르 유롭스키, 잘츠부르크 페스티벌, C메이저

프란츠 파농

프란츠 파농『대지의 저주받은 사람들』, 남경태 옮김, 그린비
프란츠 파농『검은 피부, 하얀 가면』, 노서경 옮김, 문학동네
프란츠 파농『검은 피부, 하얀 가면』, 이석호 옮김, 인간사랑
프란츠 파농『알제리 혁명 5년』, 홍지화 옮김, 인간사랑
알리스 셰르키『프란츠 파농』, 이세욱 옮김, 실천문학사
프라모드 네이어『프란츠 파농 새로운 인간』, 하상복 옮김, 앨피

영화

「알제리 전투」, 감독: 질로 폰테코르보

마리아 몬테소리

마리아 몬테소리『흡수하는 정신』, 정명진 옮김, 부글북스
마리아 몬테소리『어린이의 비밀』, 구경선 옮김, 지식을만드는지식
지구르트 헤벤슈트라이트『몬테소리 평전』, 이명아 옮김, 문예출판사
조옥희『마리아 몬테소리』, 양서원
조성자『훌륭한 몬테소리 부모 되기』, 파란마음
유재봉『몬테소리 교육의 이해』, 교육과학사

미하일 불가코프

미하일 불가코프『거장과 마르가리타』, 정보라 옮김, 민음사
미하일 불가꼬프『거장과 마르가리따』상, 하, 홍대화 옮김, 열린책들
미하일 불가코프『젊은 의사의 수기, 모르핀』, 이병훈 옮김, 을유문화사
미하일 불가꼬프『개의 심장』, 김세일 옮김, 창비
미하일 불가코프『조야의 아파트, 질투』, 김혜란 옮김, 책세상
미하일 불가코프『적자색 섬』, 심지은 옮김, 지만지드라마
미하일 불가코프『백위군 (희곡)』, 강수경 옮김, 지만지드라마

알베르트 슈바이처

알베르트 슈바이처『나의 생애와 사상』, 천병희 옮김, 문예출판사
알베르트 슈바이처『물과 원시림 사이에서』, 송영택 옮김, 문예출판사
알베르트 슈바이처『나의 어린 시절』, 권혁준 옮김, 정원출판사
알베르트 슈바이처『요한 제바스티안 바흐』, 강해근 옮김, 풍월당(근간)
황영옥『아프리카의 성자 슈바이처』, 자음과모음

다큐멘터리
「알베르트 슈바이처」, 감독: 제롬 힐

영화
「알베르트 슈바이처」, 감독: 개빈 밀러

아르투어 슈니츨러

아르투어 슈니츨러『라이겐』, 홍진호 옮김, 을유문화사
아르투어 슈니츨러『카사노바의 귀향, 꿈의 노벨레』, 모명숙 옮김, 문학동네
아르투어 슈니츨러『엘제 아씨』, 백종유 옮김, 문학과지성사
아르투어 슈니츨러『죽음』, 이관우 옮김, 지식을만드는지식
아르투어 슈니츨러『테레제, 어느 여인의 일대기』, 남기철 옮김,
　　지식을만드는지식
아르투어 슈니츨러『트인 데로 가는 길』, 김윤미 옮김, 지식을만드는지식

영화
「윤무」, 감독: 막스 오퓔스

쑨원

쑨원『삼민주의』, 김승일 외 옮김, 범우사
후카마치 히데오『쑨원: 근대화의 기로』, 박제이 옮김,
　　에이케이커뮤니케이션즈
펄 벅『중국을 변화시킨 청년 쑨원』, 은하랑 옮김, 길산
배경한『쑨원과 한국: 중화주의와 사대주의의 교차』, 한울아카데미
변종호『쑨원의 삼민주의』, 웅진지식하우스

아서 코넌 도일

아서 코넌 도일 『코너스톤 셜록 홈즈 전집 세트』 1~10, 바른번역 옮김,
    코너스톤
아서 코넌 도일 『셜록 홈즈 전집 세트』 1~10, 박상은 옮김, 문예춘추사
아서 코넌 도일 『셜록 홈즈 베스트 단편선』, 조미영 옮김, 느낌이있는책
아서 코넌 도일 『셜록 홈즈 단편 베스트 12』, 정태원 옮김, 시간과공간사
아서 코넌 도일 『마법의 문을 지나: 아서 코넌 도일의 청춘독서』, 지은현 옮김,
    꾸리에
아서 코넌 도일 『아서 코넌 도일 자서전: 나의 추억과 모험』, 김진언 옮김, 현인

서재필

서재필, 최기영 『서재필이 꿈꾼 나라: 서재필 국문 자료집』, 푸른역사
서재필 기념회, 정진석 『선각자 서재필, 민족을 위한 희망의 씨앗을 뿌리다』,
    기파랑
서재필 기념회 『선구자 서재필』, 기파랑
이황직 『서재필 평전: 시민정치로 근대를 열다』, 신서원
김승태 『서재필, 독립협회를 창설한 개화 개혁의 선구자』, 역사공간

조너선 밀러

영상(그가 연출한 오페라 영상)

헨델 〈타메를라노〉, 지휘: 트레버 피노크, 할레 헨델 페스티벌, 아트하우스
모차르트 〈후궁 탈출〉, 지휘: 크리스토퍼 쾨니히, 취리히 오페라극장, 벨에어
모차르트 〈티토의 자비〉, 지휘: 프란츠 벨저뫼스트, 취리히 오페라극장,
    EMI - 워너
게이 〈거지 오페라〉, 지휘: 존 엘리엇 가디너, 아트하우스
푸치니 〈라 보엠〉, 지휘: 미구엘 하스베도야, 잉글리시 국립 오페라, 쿨투어
베르디 〈리골레토〉, 지휘: 존 마이클 필립스, 쿨투어

올리버 색스

올리버 색스 『고맙습니다』, 김명남 옮김, 알마

올리버 색스 『온 더 무브』, 이민아 옮김, 알마

올리버 색스 『깨어남』, 이민아 옮김, 알마

올리버 색스 『아내를 모자로 착각한 남자』, 조석현 옮김, 알마

올리버 색스 『마음의 눈』, 이민아 옮김, 알마

로런스 웨슐러 『그리고 잘 지내시나요? 올리버 색스 박사님』, 양병찬 옮김, 알마

빌 헤이스 『인섬니악 시티, 뉴욕, 올리버 색스 그리고 나』, 이민아 옮김, 알마

다큐멘터리

「올리버 색스, 그의 생애」, 감독: 릭 번스

도판 목록

23-26	Wikimedia Commons
27	Bibliothèque Zoummeroff
33-34	Musée Clemenceau
35	Wikimedia Commons
37-39	Alamy
40	Musée Clemenceau
41	Wikimedia Commons
43-52	Alamy
55	Giuseppe Sinopoli
61	imago images
62	Dresden Staatskapelle
63	Deutsche Grammophon
65	Giuseppe Sinopoli
67	imago images
69	Taormina Arte
81	Tom Blau / Camera Press
83	Bettmann / CORBIS
85	Alamy

88	AP Photo
89	Getty Images
91	AP Photo
93-101	Wikimedia Commons
103	Leipzig-Lese
106	森鷗外記念館
111	Wikimedia Commons
112	北九州市観光情報
116	Yahoo! Japan
117	Wikimedia Commons
123	US Army
127	Centro de Estudios Che Guevara
128	Wikimedia Commons
131	Alamy
132	International Heritage Foundation
135-138	Wikimedia Commons
140	Universität Zürich
145	Alamy
147-155	Wikimedia Commons
159-165	Frantz Fanon Archives / IMEC
167-170	Wikimedia Commons
172-174	Maria Montessori 150
177-178	Maria Montessori
183	Alamy
187	Wikimedia Commons
188	Mikhail Bulgakov Museum
193	Abe Books
195-197	Alamy
199	W. Eugene Smith

205-207	Wikimedia Commons
208	Invaluable
211	Wikimedia Commons
212	AP Photo
215	Alamy
220	Film Quarterly
223	Jüdische Museum Wien
226	Wikimedia Commons
229	Alamy
231-233	Wikimedia Commons
239	Alamy
242	Wikimedia Commons
245	Alamy, Wikimedia Commons
247-249	Alamy
253-255	Arthur Conan Doyle Encyclopaedia
259	Alamy
260	Cornerstone
265	National Institute of Korean History
270	Independence Hall of Korea
273	Philip Jaisohn Memorial Foundation
274-278	Wikimedia Commons
281	BBC
284	Alastair Muir / English National Opera
287	Tom Miller / Oliver Sacks Foundation
289	Walter Bellamy / Getty Images
290	Terry Disney / Getty Images
292	Shutterstock
293	BBC, Jonathan Cape
297	Bill Hayes / Oliver Sacks Foundation

305	Oliver Sacks Foundation
306	Nancy R. Schiff / Getty Images
308	Alamy
309-311	Bill Hayes / Oliver Sacks Foundation

수록된 사진 중 일부는 노력을 기울였음에도 불구하고 저작권자를 확인하지 못하고 출간하였습니다. 확인되는 대로 최선을 다해 협의하겠습니다.

가운을 벗은 의사들

초판 1쇄 펴냄　　2022년 4월 10일

지은이　　　　박종호

펴낸곳　　　　풍월당
출판등록　　　2017년 2월 28일 제2017-000089호
주소　　　　　[06018] 서울시 강남구 도산대로 53길 39, 4층
전화　　　　　02-512-1466
팩스　　　　　02-540-2208
홈페이지　　　www.pungwoldang.kr

편집　　　　　손재완, 조민영
디자인　　　　이솔이

ISBN 979-11-89346-331 03810

이 책의 내용을 이용하려면 반드시 저작권자와 풍월당의 동의를 받아야 합니다.